Michael Strick

DENK-SPORT Reiten

Die faszinierende Logik der Ausbildungsskala

FNverlag
der Deutschen
Reiterlichen Vereinigung GmbH
Warendorf

Bibliographische Information der deutschen Bibliothek
Die Deutsche Bibliothek verzeichnet diese Publikation in der Deutschen Nationalbibliografie; detaillierte bibliografische Daten sind im Internet über http://dnb.ddb.de abrufbar.

4. Auflage 2007

BERATUNG ZUR 1. AUFLAGE:
Michael Putz, ehemaliger Leiter der Westfälischen Reit- und Fahrschule, Münster

LEKTORAT:
Dr. Carla Mattis, **FN***verlag*, Warendorf

LEKTORAT ZUR 3. AUFLAGE:
Waltraut Weingarten, Deutsche Reiterliche Vereinigung e.V. (FN)
Bereich Sport — Abt. Ausbildung —, Warendorf

KORREKTORAT:
Stephanie Vennemeyer, Ahlen

TITELFOTO:
Foto Dressur: Bernd Eylers, Hude
Foto Springen: Jacques Toffi, Hamburg
Foto Vielseitigkeit: Thoms Lehmann, Warendorf

FOTONACHWEIS:
Bernd Eylers: Seiten 66 (beide Fotos), 80
Jacques Toffi: Seite 129 (kleines Foto)
Recki: Seite 60
Michael Strick, Düsseldorf: Seiten 9, 29, 30, 31, 32, 46, 52, 61,62, 67, 69, 72, 97, 110, 128, 129 (großes Foto), 139, 150

ILLUSTRATIONEN:
Michael Strick: Seiten 38, 43
Uwe Spenlen, Rösrath: Seite 44
Premium Stockphotography GmbH Düsseldorf: Seite 128

GESAMTGESTALTUNG:
mf-graphics, Marianne Fietzeck, Gütersloh

LITHOGRAPHIE:
Scanlight, Marienfeld

LITHOGRAPHIE UMSCHLAG:
Köster+Gloger GmbH, Osnabrück

DRUCK UND VERARBEITUNG:
MediaPrint Informationstechnologie, Paderborn

ISBN 978-3-88542-365-2

Kurz & bündig (Definitionen nach W. Seunig):

Geheimnisvoll
am lichten Tag
lässt sich Natur des
Schleiers nicht berauben,
und was sie deinem Geist
nicht offenbart,
das zwingst du ihr
nicht ab
mit Hebeln und mit
Schrauben.

Goethe, Faust 1.

GELEITWORT

Denk-Sport Reiten – ein interessanter Buchtitel! Titel und Layout vermitteln einen Eindruck, dem sich wahrscheinlich weder Turnier- noch Freizeitreiter entziehen können. Beiden steht die anspruchsvolle Deutsche Reitlehre für die Ausbildung zur Verfügung. Wie ein roter Faden zieht sich die Ausbildungsskala durch diese klassische Reitlehre. Sie stellt eine unvergleichlich effektive Schulungsmethodik dar, auf der seit Jahrzehnten die Erfolge der deutschen Reiter basieren.

Der Autor Michael Strick beweist den Mut, sich mit der Ausbildungsskala im Detail auseinander zu setzen. Mut, weil er aus der Sicht jahrzehntelanger eigener Reiterfahrung das Thema hinterfragt und zu analysiert. Er befasst sich gedanklich mit dem komplexen physikalischen und anatomischen Gesetzmäßigkeiten, denen die Ausbildung eines Sportpferdes auf jeden Fall folgen sollte. Im Unterschied zu vielen thematisch verwandten Büchern erklärt der Autor nicht nur, dass die Skala der Ausbildung der Schlüssel zu langfristigen Erfolgen im Sattel ist, sondern er erklärt vielmehr, warum sie es ist.

Das System unserer Ausbildung und die Effektivität dieser Lehre haben auch mein gesamtes Reiterleben geprägt. Als Reiter und Ausbilder sowie Betrachter des nationalen und internationalen Reitsports kann ich bestätigen, dass es das System unserer Lehre ist, das langfristigen Erfolg in allen Disziplinen des Reitsports erst möglich macht. Deshalb bin ich immer bemüht, die Deutsche Reitlehre zu fördern und empfehle aus innerer Überzeugung, jedem Reiter sich im Laufe seiner Ausbildung und der des Pferdes mit den Inhalten der Ausbildungsskala zu befassen. Denn erst das richtige Verständnis der Reitlehre, das Verstehen der komplexen Zusammenhänge ermöglicht den Erfolg.

Michael Strick wünsche ich, dass sein Mut von einer großen Leserschaft honoriert wird.

Hans Günter Winkler

Ich möchte erstmal „Danke“ sagen.

Den Denk-Anstoß zu diesem Buch bekam ich 1975 vom damals zweifachen Holsteiner und Hamburger Springreiter-Champion Hans-Jürgen Naeve, Groß-Wittensee. Er war es, der mir mit seinen Erklärungen und seinen Pferden die Augen dafür öffnete, dass man vom Reiten erst was verstehen muss, bevor man reiten lernen kann.

Falk Münchhofen aus Düsseldorf hat auf ganz andere Weise zum Gelingen beigetragen: Mit seinem MacIntosh Know-how, seinem Farblaserdrucker, vor allem aber mit seiner Engelsgeduld, die ihn auch bei der x-ten Korrektur nicht verließ, hat er dafür gesorgt, das Rohlayout verlagspräsentabel und die diversen überarbeiteten Fassungen bezahlbar zu machen.

Dem Zufall muss ich danken, dass er mich mit Uwe Spenlen, Rösrath, zusammenführte. Ihn habe ich nicht nur als verständigen Kollegen und fachmännischen Kritiker kennen gelernt, der mich bestärkte, den Buchtitel nicht aufzugeben, sondern er warf mir auch den Stein in den Garten des **FN***verlages*.

Dort lernte ich Marianne Fietzeck kennen. Ihrem grafischen Fingerspitzengefühl ist es zuzuschreiben, dass der Phänotypus des Buches nicht hinter dem Genotypus zurücksteht. Auf gut deutsch: dass das Buch in seinem Erscheinungsbild ebenso engagiert gestaltet ist, wie sein Inhalt geschrieben.

Besonderen Dank schulde ich dem ehemaligen Chef der Westfälischen Reit- und Fahrschule e.V. in Münster, Michael Putz: Mitten in einem Meisterprüfungsseminar nahm er sich die Zeit, um mit mir heikle Ausbildungspassagen und -formulierungen in Übereinstimmung mit den FN-Richtlinien zu bringen.

Last but not least muss ich mich bei den vielen Pferdebesitzern bedanken und zugleich entschuldigen, die mich in früheren Jahren in dem Glauben auf ihre Pferde gelassen haben, ich könnte es besser als sie. Hier und jetzt gestehe ich, dass ich mir in Wirklichkeit immer nur von ihren vierbeinigen Sportkumpels eine Lehrstunde verpassen ließ. Nicht sauer sein – ohne diesen kleinen Trick hätte ich mir im Leben nicht das Zeug draufschaffen können, das nötig war, um die folgenden Kapitel zu schreiben.

Düsseldorf, im März 2001

1 Für Reiter wie du und ich

Es gibt für ein Pferd zwei Arten, sich mit seinem Reiter fortzubewegen: Auf der Vorhand oder in Selbsthaltung mit tragender Hinterhand. Der Unterschied zwischen beidem macht aus einem guten Reitpferd ein überlegenes Sportpferd.

Ich sage dir, dieses Buch zu schreiben, hielt ich vom ersten Moment, in dem mir die Idee in den Kopf kam, für ein verdammt gewagtes Ding und ich habe beinahe ein halbes Leben gebraucht, bis ich so weit war, es einem Verlag vorzustellen. Denn wann immer mich während der zurückliegenden Jahre meine pferde- bzw. reitsportlichen Aktivitäten anregten, Erlebtes und Erkanntes aufzuschreiben, bremsten mich im selben Augenblick Zweifel an der Notwendigkeit. Denn irgendwie stand das alles schon irgendwo. Zweifel aber auch an der Richtigkeit dessen, was ich glaubte, begriffen zu haben. Und das Schlimmste: Meine „neuen Erkenntnisse" ergänzten sich immer wieder durch noch neuere. Mir schien das ein Job ohne Ende zu werden – auch kein besonders motivierendes Gefühl.

Außerdem neige ich von Hause aus nicht dazu, auf Kaltes zu pusten. Ich meine damit, dass die reitende Welt wirklich nicht noch eine weitere „Hacken-tief-Zügelfäuste-senkrecht-Anleitung" nötig hat. Und schon gar nicht von einem, der trotz mehrjähriger Turnierreiterei weder je das Goldene Reitabzeichen noch irgendeine internationale Auszeichnung errungen hat. Und der erst in seiner zweiten Lebenshälfte tiefere Einsicht in die Bedingungen einer Reitpferdeausbildung bekam. Dass ich mich damit in einer Gesellschaft weiß, die einige tausendmal größer ist, als die der reitenden Schlagzeilenfüller mit Vorbildfunktion tröstet mich dabei kaum.

Und wie ist das mit dir?

Vielleicht zählst du auch zu jenen zahl- und namenlosen, aber gleichwohl interessierten Amateuren, die momentan auf dem Rücken ihres Pferdes denselben unbestimmten Mangel fühlen, den ich seinerzeit gefühlt habe.

Ich weiß es noch wie heute: Vom „Virus Reiten" befallen, startete ich gegen drei Hindernisse: Erstens war ich schon Mitte Zwanzig, als ich die bundesdeutsche Luftwaffe verließ und mich als Zivilist wieder aufs Pferd traute – um festzustellen, dass ich nach fünf Jahren reiterlicher Enthaltsamkeit für eine instinktive Auffassung des Themas wohl schon zu alt war. Denn zweitens bin ich – obwohl damals sportlich gesehen in vielen Sätteln gerecht – ganz offensichtlich nicht das, was man einen geborenen Reiter nennt. Und um beide Mängel mit einem erstklassigen Ausbilder auszugleichen, hatte ich drittens in jenen Tagen schlicht zu wenig „im Kreuz" – Geld inbegriffen. Tatsächlich hatte ich nur eines: den unbändigen Wunsch, mehr von der Sache zu verstehen.

Es hat über ein Jahrzehnt gedauert, bis ich erkannte, dass ich nur einer in der Menge derjenigen war, die genauso gehandicapt in den Sattel stiegen. Die meisten, mit denen ich auf Turnieren, Lehrgängen oder beim „Thekenreiten" ins Gespräch kam, waren nicht besser dran als ich. In diesem Sport schien es keine Sportkameraden zu geben, sondern nur Leidensgenossen.

Wir kamen aus den so genannten ländlichen Reitervereinen, zweifellos die Keimzelle vieler Talente. In unserem Kreis allerdings stand die Begeisterung zum Reitsport im umgekehrten Verhältnis zu den Lernmöglichkeiten. Dass wir in diesen frühen, von jeglicher Sachkenntnis ungetrübten Jahren gute Chancen hatten, uns auf unseren festgehaltenen, „steinmäuligen Böcken" einen Hüft- oder Rückenschaden für's Leben einzuhandeln – auch davon hatten wir keine Ahnung.

Diese Sachlage hat sich bis heute kaum nennenswert verbessert: Weder die stetige Zunahme des Reitsports noch die in den letzten Jahren hinsichtlich ihrer Rittigkeit enorm verbesserten Sportpferde haben für überzeugendere Bilder in den ländlichen Reithallen meines Kreisgebiets gesorgt. Die fehlende Vermittlung solider Grundlagenkenntnisse ist im „Breitensport Reiten" auf breiter Ebene Standard geblieben, obwohl für jeden, der Lesen wollte, das wohl beste Ausbildungsinstrument der Welt leicht verfügbar wäre: Die in ihrer Art einzig dastehende „Ausbildungsskala", made in Germany.

Vielleicht ließ sich auf Grund der doch überregional verbreiteten Schulungsproblematik vor Jahren ein renommierter Zucht- und Turnierstall im Norden Deutschlands zur Vermarktung seiner Nachwuchspferde zu dem einmaligen Slogan hinreißen „Je mehr Zucht, desto weniger Ausbildung", was wohl heißen sollte, dass man sich bei dem angeborenen Talent ihrer Pferde eine mühsame Ausbildung weitgehend sparen könne. Eine Formulierung, wie geschaffen für vollmundige Hengst- oder Auktionskataloge (beides ja bekanntlich die Fundgrube schlechthin für Jäger des verlogenen Schwatzes), aber eben prächtig misszuverstehen. Immerhin muss die Gefahr, die in dieser Formulierung lauerte, dort wohl irgendwann irgendjemandem aufgefallen sein. Daraufhin lautete ihr neuer Slogan später dann so: „Wir züchten nicht nur Sportpferde, sondern wir verkaufen sie auch."

Na prima...

Aber zurück zu den tristen Ausbildungschancen: Nach dem Motto „denn sie wissen nicht, was sie tun" schusterten meine Vereinskameraden und ich in unseren frühen Jahren auf unseren Pferden (oder auf denen von Vereinsmäzenen) unter den Augen des „Reitlehrers" am Rande der Tierquälerei herum, bis Mensch oder Kreatur aufgaben. Natürlich wussten die am Rande der Reitbahn oder hinter den Scheiben des Casinos immer genau, wie's richtig geht. Aber seltsam: Einer, der dann Probleme erklären oder es uns im Sattel überzeugend vormachen konnte, fand sich irgendwie nie.

Verblüffenderweise gab's an Turnierwochenenden auf den „Grünkohl-Olympiaden" unseres Einzugsgebiets dennoch hin und wieder eine Schleife. Mit Sicherheit dann, wenn die Konkurrenz noch schlechter war.

Zum Lernen blieb uns Ambitionierten nur, jede freie Minute auf so vielen Pferderücken wie möglich zu verbringen. Denn dass man Reiten nur durch Reiten lernt, hatten wir natürlich des Öfteren zu hören gekriegt.

Dann Lehrgänge, die enttäuschenderweise nicht selten zu Leergängen gerieten. Und natürlich das Durchackern von Reitlehren der gedruckten Art.

Diese letzte Quelle reiterlicher Offenbarungen hat oft einen eklatanten Mangel (Ausnahmen bestätigen die Regel): Sie sprudelt zumeist aus dem Fundus von Meistern, die viel mehr vom Reiten und von Pferden verstehen, als vom Schreiben. Mit anderen Worten: Als Gebrauchsanweisung für das physikalische Kräftesystem „Pferd/Reiter" sind sie oft nur mit äußerster Konzentration anzuwenden.

Außer der weisen Erkenntnis, dass in der Reitausbildung alles richtig und alles falsch sein kann, ist aber auch sonst längst alles in Sachen Reitlehre gesagt. In einer der prägnantesten Formen in den

„Richtlinien" unserer FN. Ihre Inhalte basieren allesamt auf der Ausbildungsskala. Doch obwohl deren einzelne theoretische Begriffe schon die Teilnehmer der Reitabzeichenlehrgänge auswendig lernen müssen, gelingt es später selbst den Engagiertesten nur selten, sie auf und mit dem Pferd richtig umzusetzen. Das beweist sich jedes Wochenende da, wo sie sich freiwillig einer Beurteilung stellen: auf den Turnierplätzen ihres Umkreises.

Den Grund für dieses unbefriedigende Ergebnis kenne ich bestens: Ich habe den Mangel, der sich ganz besonders in einem Sport nachteilig auswirkt, bei dem als einzigem ein lebendes „Sportgerät" beteiligt ist, selbst lange durchlitten: ***Erst Verstehen verwandelt Vertrautheit in Können.***

In diesem Sinne hätte ich mir gewünscht, dieses Buch viele Jahre früher schreiben zu können – einfach nur so für mich.

Mit den besten Grüßen von hier aus an meine ehemaligen Vereins- und Teamkameraden. Manchmal waren die Konkurrenten so schlecht wieder nicht und wir – obwohl hier nur zu dritt – dank unserer Pferde trotzdem in der ersten Reihe (vor den Reitern aus Neuss): Mannschafts „M" 1974 in Meerbusch. V.l.n.r.: Christoph Schultz-Falkenhain auf „Lovely Foundling" (Trak. v. Heros), Michael Kirsch auf „Comic" (Holst. v. Cottage Son xx), Michael Strick auf „Acapulco" (Holst. v. Anblick xx).

2 Grundgesetz für Sportreiter: Die „Ausbildungsskala“

Der weltweite Vorsprung, den Deutschland im Dressur- und Springreiten hat (und den Nachbarnationen im Begriff sind aufzuholen), wurzelt in der fast zweihundertjährigen preußisch-deutschen Militärgeschichte: Schon vor den Reiterschlachten Zietens und Gneisenaus hatte sich gezeigt, dass ein Soldat mit einem gewandten Pferd größere Überlebenschancen hat, als mit einem „steifen Bock“.* Geschmeidigkeit aber war auch bei Militärpferden nicht über Nacht zu erreichen, sondern nur mit schrittweiser Gymnastizierung. Die einzelnen Ausbildungsschritte formulierte man 1912 mit deutscher Gründlichkeit als „Reitinstruktion“ und bindende Dienstvorschrift „HDv12“ für alle Kavallerie-Einheiten. Mitglied der Reitvorschrift-Kommission und maßgeblich an ihrer Abfassung beteiligt, war der Gleiche, dem wir dank seines Buches „Die Deutsche Dressurprüfung“ die Grundlage unserer heutigen Richtlinien für Reiten und Fahren zu verdanken haben: Oberst Hans v. Heydebreck.

Der damals größte Reiterverein des deutschen Reichs, die Kavallerie, war eine teure Einrichtung. Da konnte man mit der „HDv12“ den schonenden Umgang mit der Nahkampfwaffe „Pferd“ in gewisser Weise befehlen.** Die komplexen Lehrinhalte der Heeresdienstvorschrift (sozusagen die Überschriften der einzelnen Ausbildungskapitel) wurden dann irgendwann in komprimierter Form zur heute noch gültigen Ausbildungsskala extrahiert. Die bewies schon in den Jahren zwischen den beiden Weltkriegen international ihre Power und zwar unter erfreulich unkriegerischen Umständen: Die Kombination „italienischer Springstil“ und „deutsche Dressurarbeit“ führte vor einem faszinierten Publikum zu spektakulären Seriensiegen der Kavallerieschule Hannover.*** Für diese Elitereiter waren die Inhalte der Ausbildungsskala Gesetz (wenngleich ihre Dressurpferde aus Gründen ihrer langjährigen Ausbildungszeit von zivilen Profis wie Stensbeck, Wätjen und Lörke olympiareif gemacht wurden): Stubbendorff, Brandt, Pollay, Lippert, Momm, die Hasse-Brüder, v.Nagel, v.Wangenheim, v.Barnekow, sie – wie alle anderen Offiziere auch – mussten nach der Ausbildungsskala reiten.

** Ein ausgebildetes Kavalleriepferd war also „Not-wendig“.*

*** Vom ersten Chef des „Militär-Reitinstituts“ (nach dem Krieg von 1870/71 war das der Vorläufer der Kavallerieschule Hannover), General v. Witzendorff, stammt das Leitwort „Gebrauch ohne Verbrauch.“ Von ihm ist außerdem bekannt, dass er ein erklärter Gegner von zu starker Versammlung war.*

**** U.a. gewannen Offiziere der Kavallerieschule Hannover nicht nur dreimal in Folge (v. 1931-1933) die „Coppa d'oro“ von Rom, sondern auf der Olympiade 1936 in Berlin auch alle 6 Goldmedaillen für Springen, Dressur und Military jeweils in der Einzel- wie in der Mannschaftswertung.*

Mit dem zweiten Weltkrieg endete die Ära der Kavallerieschule und mit ihr die befehlsmäßige Durchsetzbarkeit der Ausbildungsskala. Auch wenn eine Zeit lang noch der gefürchtete Kommisston in der einen oder anderen Reithalle nicht zu überhören war. Aber wer weiß, vielleicht gehörten auch diese Kommandostimmen Protagonisten, die im langsam aufstrebenden zivilen Turniersport des Nachkriegsdeutschland den Wert der Ausbildungsskala nicht vergessen hatten. Sie sorgten gemeinsam mit anderen mit akademischer Gründlichkeit plus dem sprichwörtlichen deutschen Organisationstalent dafür, dass dieses unübertroffene Schulungsinstrument von Reitergeneration zu Reitergeneration weitergegeben wurde und in allen kompetenten Ausbildungsstätten die Grundlage für klassisches Können wurde.

Einer der bedeutendsten Wegbereiter nach dem Krieg war der Vorsitzende des Olympiade-Komitees für Reiterei, Dr. h.c. Gustav Rau (1880-1954). Neben anderen profunden hippologischen Schriften hat er in einem akribisch verfassten Report sämtliche Olympia Reiter von 1936 sowie die Ausbildungsbesonderheiten ihrer Pferde beschrieben und beurteilt. Wer das Glück hat, diesen (wieder als Nachdruck verfügbaren) Band* zu besitzen, hat ein Juwel der Pferdeliteratur im Regal. Es dokumentiert nicht nur einen genialen, unbestechlichen hippologischen Sachverstand, sondern auch, dass sich am Anliegen und an den Inhalten der Ausbildungsskala bis heute nichts geändert hat. Ich vermute stark, dass sich daran auch nichts ändern wird, solange ein Pferd vier Beine hat und ein Reiter zwei.

Die deutschen Reitererfolge aber ausschließlich den Prinzipien der Ausbildungsskala zuzuschreiben, würde der Sache nicht gerecht, denn wir haben das Glück, noch auf einen weiteren und ebenfalls überaus tragfähigen Pfeiler bauen zu können, um den uns viele andere reitsportbegeisterte Nationen beneiden: das professionelle Hand-in-Hand von Zucht und Sport. Beides, reiterliche Höchstleistungen und eine großartige Sportpferdeproduktion, die ihrerseits Leistungstypen heutzutage beinahe „en masse" liefert, wird von entsprechenden Verbänden längst mit wissenschaftlicher Präzision verfolgt, vermarktet und vergleichbar gemacht. Die konkreten Ergebnisse sind öffentlich: Auf den alljährlich bundesweit stattfindenden Körveranstaltungen, Hengstleistungsprüfungen, Stutenschauen und Reitpferdechampionaten können sich nationale wie internationale Pferdesportler ein Bild davon machen, wie heutzutage equides Weltklasseniveau auszusehen hat.

* Gustav Rau: Die Reitkunst der Welt an den Olympischen Spielen 1936. Olms Verlag

Wer weiß, vielleicht hast du das große Glück, so ein Klassepferd zu besitzen. Dann hat dein Pferd vielleicht das große Glück, dass du es gemäß der Ausbildungsskala reitest.

Allerdings denke ich, dass sich jeder Reiter, der über die Anfänge hinaus seinem Sport treu bleibt, früher oder später in der Rolle eines Ausbilders sehen wird. Wenn er clever ist, wird er sich fragen, was er da oben auf seinem Pferd eigentlich tut oder richtigerweise tun muss, sei es, um zum Beispiel eines Tages eine leichte Dressur- oder Springprüfung mit Anstand zu reiten, oder um irgendwann einfach nur mal das gute Gefühl zu spüren, sein Pferd sicher in der Hand zu haben. Oder noch schlichter: um es nicht durch Unwissenheit zu quälen. Dies ist sicher auch dein Mindestanspruch, oder? Die Chancen, dass du dein Ziel erreichst, stehen gut, wenn du konsequent „die sieben Säulen der (Reit)Weisheit" im Kopf behältst.

Die klugen Könner, die sie konzipierten, taten das in der berechtigten Überzeugung, damit alles gesagt zu haben, was zum Thema „Pferdeausbildung" zu sagen ist; sozusagen als extrahierte „Ultima Ratio für Reiter".

Ist sie das wirklich? Die Antwort könnte Radio Eriwan geben: Im Prinzip ja (denn ihre Begriffe treffen präzise den Kern der Sache), aber sie sind keineswegs selbst-verständlich. Ich meine im Sinne von selbst-erklärend. Denn hinter den anscheinend einfachen Begriffen

- ***Takt***
- ***Losgelassenheit***
- ***Anlehnung***
- ***Schwung***
- ***Geraderichten***
- ***Versammlung*** und, als Endergebnis richtiger, systematischer Arbeit, die Aufrichtung, stecken eine Reihe von einander abhängiger, naturgesetzlicher Zwangsläufigkeiten. Ihr reibungsloses Zusammenspiel ergibt sich *aus dem seelischen und körperlichen* Gleichgewicht eines Reitpferdes. Beides ist dafür verantwortlich, dass das Tier unter bestimmten reiterlichen Einwirkungen nur so und nicht anders kann. Darüber hinaus sind die Begriffe, wie schon erwähnt, überaus erklärungsbedürftig.*

* Vorab schon mal das: Der Takt (der in der Reiterei Bewegung in gleichen Einheiten kennzeichnet) ist der einzige fixe physikalische Begriff in der Ausbildungsskala. Alle anderen Begriffe sind Variable. Das heißt, Losgelassenheit, Anlehnung, Schwung usw. sind keine in sich festen Größen, sondern sie entwickeln, verbessern und vervollkommnen sich gleitend bei richtiger Fortbildung im Laufe der Zeit. Man könnte sich den fortschreitenden Entwicklungsaufbau zum Beispiel auf einer Werteskala von 0 bis 10 vorstellen.

Nebenbei gesagt ist die Ausbildungsskala so deutsch erdacht, dass ihre Begriffe in so gut wie keiner europäischen Sprache mit dem gleichen Sinninhalt zu übersetzen sind. Um zwei Beispiele zu nennen: Dass „Losgelassenheit" in englisch sprechenden Ländern mit

„relaxness" übersetzt wird, trifft den Inhalt nicht mal ungefähr. Denn erstens ist to relax (= entspannen) etwas inaktives, also das ganze Gegenteil von Losgelassenheit, und zweitens ist im englischen Verb auch der bedeutsame Teil des Wortes, die ***Gelassenheit***, nicht enthalten. Ähnliches gilt für „Anlehnung": Sie wird mit „contact" insofern unzureichend interpretiert, als „contact" etwas Festes, Statisches meint, „Anlehnung" aber ist etwas weiches, Flexibles, etwas, das der Balance dient.

Aus gutem Grund möchte ich der Ausbildungsskala noch den Punkt der Zwanglosigkeit voranstellen. Zwar hat dieses angeborene „Basiskapital" eines Reitpferdes im eigentlichen Sinne nichts mit „Ausbildung" zu tun, aber bei dauerhaft falscher Einwirkung leidet es in einer Weise, dass korrekte Ausbildung unmöglich und Korrekturmaßnahmen extrem schwierig werden. Außerdem wird Zwanglosigkeit gern mit Losgelassenheit, verwechselt. Davon unterscheidet sie sich aber erheblich. Deshalb macht eine differenzierte Betrachtung Sinn: ***Zwanglosigkeit ist der seelische und körperliche Zustand, bei dem ein Pferd seine Muskeltätigkeit nur so weit aktiviert, wie es unter Vermeidung von unnötigem Kräfteverbrauch für die Fortbewegung seiner eigenen Last (und evtl. der eines Reiters) bedarf. Im Unterschied zur Losgelassenheit ist Zwanglosigkeit allein (also ohne solche Faktoren wie Treiben und das dadurch vermehrte Abfußen sowie das Strecken der gesamten Wirbelsäule nach vorn) eine ziemlich passive Angelegenheit, bei der sich die Pferdebeine ohne besonderen Ausdruck bewegen. Von Zwanglosigkeit kannst du sprechen, wenn dein Pferd dein Gewicht auf seinem Rücken akzeptiert, ohne ihn zu spannen und auch ohne Zügelführung in seinem natürlichen Trab taktmäßig tritt. Dabei bleibt es auf der Vorhand.***

Whow, ist das ein Absatz. Sich den einzuprägen ist aber insofern wichtig, weil das Erkennen der Zwanglosigkeit, vor allem, wenn sie durch dauerhaft falsche reiterliche Einwirkung abhanden gekommen ist, nicht nur zur Grundlage deiner reiterlichen Arbeit gehört. Du solltest auch im späteren Verlauf der Pferdeausbildung bei eventuell auftretenden Schwierigkeiten in der Lage sein, zu dieser „Urform" des taktmäßigen Tretens zurückzufinden — gleichgültig, ob die Sprünge deines Pferdes über einen Hindernisparcours oder über ein Dressurviereck gehen sollen. Du erkennst das richtige, also elastische (wenn auch noch zu geringe) Schwingen aller Körpermuskeln am gelassenen, zufriedenen Gesichtsausdruck des Pferdes, an seinen „halb gespitzten" Ohren,* die aufmerksam auf seinen Weg oder auf seinen Reiter gerichtet sind. Vor allem aber an seinem natürlich getragenen Schweif, dessen Rübe von der Wurzel bis zur Spitze gleichmäßig im Takt seiner Bewegung pendelt.

** Lach´ nicht. Ein Pferd bei der Arbeit spitzt seine Ohren tatsächlich ganz anders, als ein ängstliches Pferd oder ein Hengst, der sich einer Stute nähert.*

Losgelassenheit hingegen ist eine fortgeschrittenere Stufe der Zwanglosigkeit. Ist Losgelassenheit die erste Stufe der Ausbildungsskala, so könnte man Zwanglosigkeit vielleicht als ihren Ausgangs- oder Null-Punkt bezeichnen. Losgelassenheit entsteht zum einen auf der Basis von Zwanglosigkeit und zum anderen durch die Energie des Ganges. Ein energischer Gang wird durch aktive Einwirkung des Reiters, also durch Treiben, geweckt. Auf den kürzesten Nenner gebracht gilt für so gut wie jede gesunde Remonte:**

*** „Remonte": jüngste, vorletzte. Ein Begriff aus der Zeit, als das Reiten primär eine Domäne von Kavallerieregimentern war.*

Zwanglosigkeit ist (angeboren),
Losgelassenheit wird (angeritten).

Selbstverständlich habe auch ich die Ausbildungsskala schon auf meinem allerersten Lehrgang in unserer Landesreitschule auswendig lernen müssen. Auch, wie wichtig es ist, die Reihenfolge zu beachten, die natürlich nicht zufällig entstanden ist. Ich bin trotzdem jahrelang am Thema vorbeigeritten. Einfach weil ich die Inhalte nicht nachspüren konnte. Wie sich beispielsweise ein losgelassenes, in Anlehnung gehendes Pferd anfühlt, begreift man auch nach der hundertsten Beschreibung nicht. Sofort aber, wenn man einmal auf einem gesessen hat. Aber was, wenn dir niemand ein wirklich losgelassenes, in Anlehnung gehendes Pferd unter den Hintern schiebt?

Aus diesem Dilemma hat mir während meiner reiterlichen Anfänge niemand mit einer nachvollziehbaren Interpretation der Ausbildungsskala ‘rausgeholfen. Erst ein Jahrzehnt später führte mich ein glücklicher Zufall auf einem Lehrgang in Warendorf mit einem echten Könner zusammen. Mir gefiel die Art, wie er ritt und ihm gefiel, wie ich seine Pferde und seine neue Reitanlage in Holstein fotografierte. Es kostete mich damals ein halbes Jahr Wochenend-Flugreisen von Düsseldorf nach Hamburg, bis ich das Prospekt für seine geplanten Springreiterlehrgänge fertig hatte. Wenn er mich auch für meine Arbeit nicht mit klingender Münze bezahlt hat, so hat er mich dennoch großzügig entlohnt: Obwohl es ihn vermutlich innerlich peinigte, ließ er mich seine beiden klassisch ausgebildeten bzw. gymnastizierten fünfjährigen Springpferde nachreiten***.

Während dessen wurden meine schlimmen Einwirkungsmängel ebenso enttarnt, wie die mir bis dahin verborgen gebliebenen Inhalte und vielen „Warums" der Ausbildungsskala. Nach diesen sechs Monaten war in mir eine Gewissheit gereift, die ich seitdem an so manchen weitergeben konnte, der sich auf seinem Pferd „festgezogen" hatte und zu ahnen begann, dass er neben den Stufen der Ausbildungsskala gelandet war:

Sich auf einem Pferd zu halten, lernen mit der Zeit viele. Aber nur wer die Inhalte der Ausbildungsskala versteht, hat die Chance, mit der Zeit reiten zu lernen.

Die vielen auf der Vorhand gerittenen Pferde, die ich im Laufe der Jahre kennen gelernt habe, veranlassen mich zu folgender Behauptung: So wie sich unter Beachtung der Ausbildungsskala ein Gymnastizierungsgrad der Muskulatur entwickelt, der ein Pferd leichtfüßig macht, entwickelt sich unter Missachtung auch ein negativer, der zu schwerfälligen und abgehackten Bewegungen führt. Das Resultat einer Negativ-Dressur nenne ich mal „Abwehrmuskulatur". Um diese zu korrigieren, benötigt ein Könner – je nachdem, wie nachhaltig der Muskelapparat des betroffenen Pferdes schon durch andauernd fehlerhaftes Reiten verformt wurde – unter Umständen Monate, bis er so ein Tier wieder an seinen Nullpunkt, der Zwanglosigkeit, gebracht hat. Erst über den Rückweg wiedererlangter Zwanglosigkeit ist Losgelassenheit zu schaffen – um dann im Verlauf weiterer Monate das Pferd unter Beachtung der Gesetze der Ausbildungsskala vielleicht doch noch zu einem elastischen „Rückengänger" mit tragender Hinterhand aufbauen zu können. Was ich hier anspreche, ist die Problematik der Sportreiterei schlechthin. Mach dir keine Sorgen, wenn sich jetzt vor dir Fragezeichen auftürmen. Die ganze Sache wird sich von Kapitel zu Kapitel mehr erhellen. Und sie wird interessant, das verspreche ich dir. Ein bisschen was davon illustriert schon hier das nachfolgende Stufenschema:

**** Ich habe damals zum ersten Mal auf Pferden gesessen (Halbblüter von Thuswin XX bzw. Wahnfried XX), die so durchgymnastiziert waren, dass ihre Lösungsphase kaum eine Minute dauerte.*

Y

GYMNASTIZIERUNGSGRAD

+

Etwa M-S-Reife

Losgelassen, bei gesicherter Anlehnung und verstärkter Versammlung schwungvoll im Gleichgewicht und in klarer Aufrichtung auf Grund deutlich gebeugter Hanken. Das Pferd ist so weit gerade gerichtet, dass es auf geraden Linien auch vollkommen gerade erscheint.

Etwa L-Reife

In Versammlung und bei gesicherter Anlehnung schwungvolle Gangverstärkungen, dabei losgelassen im Takt und Gleichgewicht auf der Hinterhand. Weiteres Geraderichten, Beizäumung und Durchlässigkeit durch Reiten im Schulterherein.

Etwa A-Reife

Losgelassen im Takt und auch bei einfachen Wendungen (Schlangenlinien, Ecken) in Anlehnung bleibend. Leichte Gangverstärkungen im Gleichgewicht. Gerade richtende Lektionen und Beginn der Schwungentwicklung durch Reiten im Schultervor.

Anreiten

Durch treibende Einwirkung zwar schon losgelassen in Takt und Gleichgewicht, zunächst aber noch auf der Vorhand. Durch Vorwärts-Abwärts-Dehnung Voraussetzung für erstes lineares Geraderichten.

„0-Punkt" der Remonte: Zwanglos, mit angeborener Schiefe und dem Schwerpunkt noch auf der Vorhand.

ZEITACHSE — ***Vom Anreiten bis zur S-Klasse mindestens 4-5-Jahre.*** → **X**

Durch unkontrollierte Schubkraft keine Losgelassenheit, schief und nicht im Gleichgewicht auf der Vorhand gehend.

Bei festgehaltenem Rücken dauerhaft schief auf der Vorhand. Dadurch schleichende Zerstörung der Schubkraft und des natürlichen Gangwerks.

Dauerhaft schief, keine Entwicklung der Tragkraft, Verlust des natürlichen Ganges und durch eine sich falsch entwickelnde Muskulatur bombenfest auf der Vorhand. Da ein Pferd auch in diesem Zustand im Takt gehen kann, hat Takt primär in Verbindung mit Losgelassenheit seinen Stellenwert.

–

Kurz&bündig

Zwanglosigkeit, Losgelassenheit

Ein Pferd kann zwanglos gehen, ohne schon den Zügel gefunden zu haben. Losgelassen ist es aber erst dann, wenn es auf Grund treibender Hilfen seine bisher im natürlichen Trabe zwar zwanglos, aber nur matt schwingenden Muskeln energischer an – und abspannt. Das führt (bei passiver Hand und richtigem Grundtempo) nach einer Weile dazu, dass sich die Muskulatur von Hinterhand, Hals und Rücken dehnt und – als Folge – zum Phänomen der Losgelassenheit bei gleichzeitiger Anlehnung an den Zügel (natürlich bei jetzt hinhaltender Hand). Wichtig: Ohne Zwanglosigkeit keine Losgelassenheit. Sich an diesen Sachverhalt zu erinnern, ist besonders bei der Korrektur von Pferden wichtig, die jahrelang auf der Vorhand gegangen sind. Umgekehrt aber ist ein Pferd, das mit seinem Reiter zwanglos dahinpendelt, sehr wohl unter reiterlicher Einwirkung ohne Losgelassenheit denkbar. Die Losgelassenheit als wichtigster und alles entscheidenden Basisfaktor für stufenweisen Ausbildungsaufbau begleitet dich ab jetzt auf Schritt und Tritt.

3 Was Hänschen nicht lernt ...

Das ist mit Pferden nicht anders als mit unsereins. Schon deshalb fange ich beim jungen Pferd an. Selbst auf die Gefahr, dass dich jetzt anfallartiges Gähnen überkommt, oder dass du zur Zeit gar kein junges Pferd hast. Wie auch immer, du wirst bald einsehen, dass ich gar nicht anders kann, als das junge, noch unverdorbene Pferd als Erklärungsbasis zu nehmen. Weil bestimmte physikalische Gesetzmäßigkeiten, auf deren Basis die Ausbildungsskala formuliert wurde, bei einem Pferd mit Ausbildungsstand „Null" viel eher nachzuvollziehen sind, als bei einem, das längere Zeit falsch, ich sag mal „unter Null", geritten wurde. Eben weil sich seine Muskulatur auf Grund jahrelanger Ausbildungsfehler in eine eher hinderliche Richtung entwickelt hat.*

*Jetzt denk nur nicht, die Ausbildungsskala sei nur was für junge Pferde. Die einzelnen Ausbildungsstufen bilden bei der Korrektur von Pferden gleich welchen Alters dieselbe verbindliche Richtschnur. Demzufolge müssen sie, was die Qualität der Korrekturarbeit betrifft, genauso schrittweise aufgebaut werden, wie Remonten. Lediglich bei der Quantität kann man einen Unterschied zwischen Kinder- und Erwachsenenarbeit machen.

Auch wenn dir vielleicht Fachleute davon abraten: Wenn du nicht erst letztes Jahr mit dem Reiten begonnen hast, kann ich dir aus eigener Erfahrung empfehlen, mal mit einem „grünen", noch ungerittenen Pferd anzufangen. Was du dabei lernst (wenn du dich an die nachfolgenden Spielregeln hältst), kommt dir für den Rest deines Reiterlebens und für alle Pferde, die du noch reiten wirst, zugute.

Versuche, in einem unserer Hochzuchtgebiete (und vielleicht mit einem Fachmann, der die Augen mehr offen hält, als die Hand) deinen Schützling als Dreijährigen zu erwerben. In Zeiten einer „Überproduktion" an Pferden ist das längst nicht mehr mit so viel Suchen verbunden, wie noch vor Jahren. Denn wie gesagt, das breite Pferdeaufkommen wird immer besser, ohne deshalb teurer zu werden. Und falls du dich an das Abenteuer eines Absetzers traust: Ich war erst kürzlich auf einem Fohlenmarkt im Oldenburgischen. Da stellten Züchter an die sechzig Fohlen vor. Fast ausnahmslos mit so viel Chic und erkennbaren Leistungsanlagen, dass ich schon nach dem zweiten präsentierten Dutzend den Wald vor Bäumen nicht mehr sah. Um nicht irre an so viel ähnlicher Qualität zu werden, sondiert man dann sinnvollerweise zunächst nach seiner favorisierten Abstammung.

Einmal abgesehen davon, dass man da im Gegensatz zu Auktionen mit den Züchtern handeln kann, hielten sich aber auch die Preise auf Grund des enormen Angebotes durchaus in einem Rahmen, der für den erfahreneren Pferdefreund sowohl das Risiko wie auch den finanziellen Aufwand der Aufzucht rechtfertigt, denn ein bereits angerittenes drei- oder vierjähriges Sportpferd mit erkennbarer Eignung bzw. mit Materialplatzierungen ist unterm Sattel und unterm Strich immer noch teurer.*

Viel wichtiger ist aber meines Erachtens, dass du dich nicht mit eventuellen Ausbildungssünden des Vorbesitzers herumplagen musst.

Apropos Preise: Passend zur übrigen Entwicklung der Wirtschaft gilt auch bei Reitpferden das Alles-oder-nichts-Prinzip: Mittlerweile wechselt leichter ein Pferd für fünfzigtausend Euro den Besitzer, als eines für fünfzehn. Das heißt, nur noch die talentierte Spitze (oder das, was einer dafür hält) kostet bzw. bringt Geld.

Die Zeit, die du dich mit dem jungen Tier bis zum ersten „Schultag" befasst, ist schon ein guter Teil der Grundausbildung: Du erkennst beizeiten charakterliche, temperament- und nervlich bedingte Eigenheiten (hoffe ich) und kannst sie später bei der reiterlichen Ausbildung nutzen bzw. berücksichtigen. Außerdem kultiviert der tägliche Umgang das zukünftige Reitpferd. Zum Beispiel bei so einfachen, aber höllisch wichtigen Dingen wie das Aufheben der Füße. Darüber hinaus schaffst du dir eine Vertrautheit, die sich beim ersten Auftrensen und Sattelauflegen auszahlt.

Was du auf den folgenden zwei Seiten liest, ist schon so oft beschrieben worden, dass mir die Wiederholung fast peinlich ist. Aber erstens gehört es nun mal an den Anfang einer Pferdeausbildung. Und zweitens habe ich für diesen Aufsatz bei meiner Prüfung zum Reitwart 1979 in Vechta das einzige „sehr gut" in mein Zeugnis bekommen.

Das ***Auftrensen*** erfolgt mit gelassenen, aber bestimmten Handbewegungen. Vor allem aber mit ruhiger Stimme (die übrigens bei Mensch und Tier stets besser ankommt als die laute). Es ist außerdem sinnvoll, das junge Pferd mit Leckereien für sich einzunehmen. Weisst du noch: Bei deiner Einschulung gab's ja auch eine Schultüte, die dir den plötzlich über dich hereingebrochenen Ernst des Lebens versüßen half.

Achte darauf, dass die Breite des Trensengebisses zur Unterkieferlade des Pferdes passt! Als Gebiss empfiehlt sich eine Wassertrense. Eher vom Kaliber „Besenstiel", als ein „Bleistift aus rostfreiem Stahl". Na, du weißt schon. Junge Pferde lutschen auf den dicken Dingern lieber 'rum, und außerdem wirken sie nicht so scharf auf das noch weiche, weil unverdorbene Maul (dass du diesen naturgegebenen Zustand auch in Zukunft erhältst – auch dabei sollen dir die folgenden Kapitel helfen).

Die Backenstücke der Trense schnallst du dabei so, dass das Gebiss nicht zu tief liegt bzw. nicht mit den Zähnen kollidiert. Aber auch eine zu hoch verschnallte Trense ist von Übel, weil sie dem Pferd die Maulspalten hoch zieht. Dadurch verspürt es fortwährend Schmerz oder doch zumindest Unbequemlichkeit, die zu Widersetzlichkeiten und in der Folge zu Störungen im Ausbildungsverlauf führen könnten. Im Übrigen birgt eine nicht korrekt verschnallte Trense immer die Gefahr von Zungenfehlern in sich. Und ein Pferd, dass sich schon beim Anreiten angewöhnt, die Zunge über das Gebiss zu ziehen oder aus dem Maul zu strecken, ist für eine ernsthafte Dressurausbildung nicht mehr zu gebrauchen.

Das ***Aufsatteln*** geschieht sinnvollerweise da, wo sich das junge Pferd ohne Verletzungsgefahr ausbuckeln kann, sollte es nach dem ersten leichten Anziehen des Sattelgurtes eventuell in einem Anflug von Panik losstürmen. Also in einer Halle oder auf einem ausreichend eingezäunten Reitplatz. Nach meiner Erfahrung dauert das Ausbuckeln bei Pferden mit ausgeglichenem Temperament und ausreichender Gewöhnung an seinen Ausbilder nur Minuten. Übrigens satteln am besten zwei Personen auf. Der eine hält das junge Pferd am Trensenring, klopft seinen Hals und beruhigt es mit seiner Stimme. Der andere legt vorsichtig (und von links) den Sattel ohne Bügel und mit übergeschlagenem Sattelgurt über den Widerrist auf den Rücken. Dabei kommt es kaum auf den Zentimeter an; ein guter Sattel rutscht auf einem korrekt proportionierten Pferd schnell in seine natürliche Lage. Als Nächstes vergewisserst du dich, dass die Satteldecke nicht auf dem Widerrist aufliegt, sondern so weit in die Kammerung des Sattels gezogen ist, dass sie nicht wund scheuern kann.

Nach einem Moment der Gewöhnung lässt du vorsichtig den Sattelgurt herunter. Aber aufpassen, dass er nicht gegen das rechte Vorderbein des Pferdes schlägt und das Tier durch den Schmerz erschreckt! Ich kenne Profis, die haben sich beim Satteln angewöhnt, ihr rechtes Bein unter der Brust des Pferdes hindurch zu strecken um dann den Sattelgurt auf ihren Stiefel anstatt gegen das Pferdebein fallen zu lassen. Zieh' den Gurt zunächst nur so weit an, dass der Sattel nicht unter den Bauch rutschen kann. Bei zu kräftigem Angurten ist die Gefahr groß, dass das Pferd in Panik gerät und womöglich steigt oder sich hinwirft.

Wie schon gesagt, die Erfahrung lehrt, dass der Sattel letztlich in die anatomisch vorgegebene, also natürliche Sattellage des Pferdes rutscht. Allerdings kannst du bei jungen Pferden nicht unter allen

Umständen vom Idealfall ausgehen. Denn bei den noch nicht voll entwickelten liegt weder der Sattel automatisch frei vom Widerrist, noch liegt der Sattelgurt die gewünschte Handbreit entfernt vom Ellenbogengelenk. Bei noch nicht voll entwickeltem Widerrist bzw. bei unfertiger Sattellage (aber auch bei einer mangelhaft entwickelten), besteht die große Gefahr, dass der Sattel zu weit nach hinten rutscht und auf die Nieren drückt. Du kannst dir vorstellen, dass ein derart belastetes Pferd nie entspannt unter dem Reiter gehen wird. Verhindern lässt sich der „Wandersattel" durch ein Brustgeschirr, dem so genannten Vorderzeug.*

* *So manches Vorderzeug, das ich an Pferden sah, diente allerdings mehr der Show als dem Rücken.*

Erst nachdem das junge Pferd mit seiner neuen Situation fertig geworden ist, also Trense und Sattel willig duldet, folgen die nächsten Ausbildungsschritte: ***Anlongieren*** und ***Anreiten***.

Und da geht's gleich schon ganz überraschend rund.

4 Schon kommt Bewegung ins Thema

Über Jahre hinweg habe ich meine Drei- oder Dreieinhalbjährigen eine gewisse Zeit vor dem ersten Aufsitzen anlongiert. Denn der unbestreitbare Vorteil der Longenarbeit besteht für junge Pferde darin, dass sie dabei schon die vortreibenden und die verhaltenden Hilfen kennen lernen. Außerdem fällt es jeder Remonte zunächst natürlich leichter, ihren Rücken ohne Reitergewicht zu entspannen und sich dann – mühelos eingestellt auf den vorgegebenen Kreisbogen des Longierplatzes – im Gleichgewicht auszubalancieren.

Dachte ich.

Statt dass nun aber die Schulanfänger schön locker und unbelastet im Takt auf dem vorgegebenen Kreisbogen dahin joggten, passierte zunächst stets das genaue Gegenteil: Mit staksigen Bewegungen, schräg nach außen gestelltem Rumpf und aufwärts gerecktem Hals versuchten sie mehr oder weniger hektisch, dem permanenten Biegezwang, den das Gehen an der Longe nun mal verursacht, zu enteilen. Ich konnte dabei kaum verhindern, dass sie beinahe in jeder Runde einige Meter in Richtung auf mich zu machten, den Kreis also anschnitten, mit der Absicht, sich dadurch ein paar Tritte geradeaus zu erschummeln. Natürlich hing dann zu meinem Leidwesen jedes Mal die Longe durch und schleifte am Boden. Fasste das jeweilige Pferd dann nach einer gewissen Zeit schweißnass und mehr oder weniger ausgepowert doch noch Takt, beschlich mich nicht nur das ungute Gefühl, dass ich wieder einmal zu viel des Guten (des Schlechten?) getan hatte, sondern auch der ewig gleiche Zweifel: Was hatte nun meinen Schützling davon überzeugt, nachzugeben und sein Schicksal als Sportpferd anzunehmen, Losgelassenheit oder lediglich Ermüdung?

Echt hinterfragt habe ich diese Longenresultate lange nicht. Bis mir mit zunehmender Einsicht in die physikalischen Fundamente der Ausbildungsskala klar wurde, dass ich an der Longe ein völlig ungymnastiziertes Pferd – egal ob jung oder alt – im wahrsten Sinne des Wortes in einen Teufelskreis zwinge. Indem ich ihm eine gymnastische Leistung abverlange, die es auf Grund seiner ihm angeborenen Schiefe noch gar nicht leisten kann: das Gehen auf einer gebogenen Linie. Mit anderen Worten: Ich hatte auf dem Longierzirkel ziemlich ignorant die Biegsamkeit der Wirbelsäule (die ja der Ausbildungsstufe Geraderichten vorbehalten ist) vor Erreichen der Ausbildungsstufe Losgelassenheit vorausgesetzt. Wenn ich sehe, wie schwer sich ein Pferd in den ersten Wochen seiner Ausbildung tut, um ohne Gangverlust und Taktfehler auch nur durch die Ecken einer Reitbahn zu kommen, muss ich beschämt bekennen, welchen Un- bzw. Leichtsinn ich lange Zeit auf dem Kreisbogen eines Longierzirkels praktiziert habe.

Du wirst bald sehen, dass du im Sattel unweigerlich wieder mit dem gleichen Problem zu tun kriegst. Darum lohnt es sich, die physikalische Gesetzmäßigkeit zu begreifen, mit der allzu oft nicht nur Remonten, sondern natürlich auch ungymnastizierte Pferde jeden Alters bei biegenden, sprich gerade richtenden Übungen in Konflikt geraten. Es sind die Gesetze der Gangmechanik. Und die sagen unter anderem:

Die Körperrichtung des Pferdes bestimmt die Linie, auf der es sich bewegt.

Im Klartext heißt das: Das ungebogene Pferd verfolgt eine gerade, fortlaufende Linie, das gebogene eine Kreislinie. Solange beide Pferde ihre Füße gerade nach vorwärts setzen, können sie ihre Linien nicht ohne Änderung ihrer Körperrichtung verlassen. Deshalb ist das gebogene Pferd genauso wenig im Wenden begriffen (obwohl es so scheint), wie das ungebogene. Beide folgen lediglich der natürlichen Haltung ihres Körpers.

Die Konsequenz daraus: Das ungebogene Pferd ist nicht in der Lage einen Kreis zu gehen, sondern kann den Bogen nur auf geraden, in Winkeln zueinander stehenden Linien abschreiten. Und das gebogene Pferd kann nur auf gerader Linie gehen, wenn es dabei seine Beine seitwärts statt gerade vorwärts bewegt. Bewegt sich aber ein Pferd ohne Reitereinwirkung fort, muss es die Linie einhalten, die der Richtung seines Körpers entspricht. Um diese Linie zu verlassen, muss es seine Körperrichtung ändern; die Gesetze der Gangmechanik zwingen es dazu.

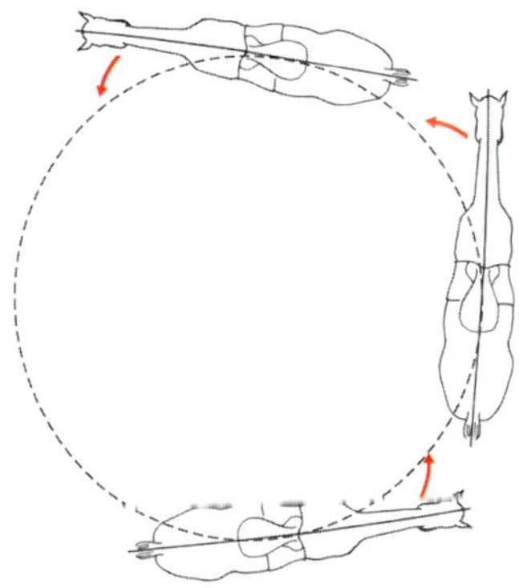

Das ungebogene Pferd *kann einer Kreislinie nur folgen, indem du seine Vorhand immer wieder mit der Longe (oder später, wenn du im Sattel sitzt, mit dem Zügel) nach innen auf den Kreisbogen ziehen musst, anstatt es sanft seitwärts führen zu können. Dabei wird die Verbindung Hand/Pferdemaul zwangsläufig jedes Mal hart.*

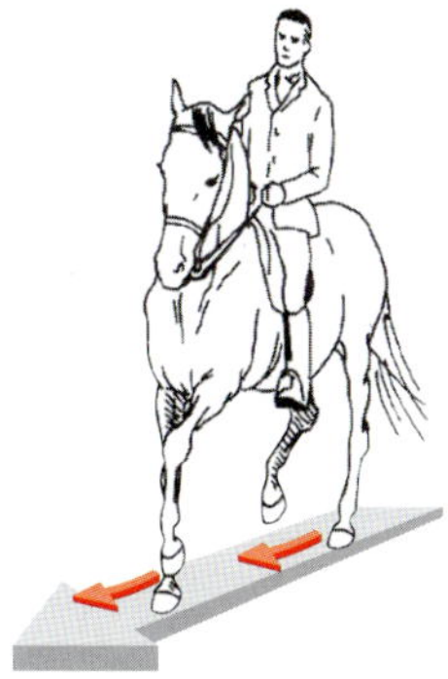

Das gebogene Pferd *kann einer geraden Linie nur folgen, indem es seine Füße seitwärts setzt. Und damit es dazu in der Lage ist, müssen bestimmte gymnastische Voraussetzungen erfüllt sein. Welche das sind, erfährst du auf Seite 84.*

Das zu wissen, ist wichtig, damit dir von vornherein klar ist, was du von deinem noch vollständig ungebogenen Pferd beim Anlongieren erwarten bzw. nicht erwarten kannst:

Zu Beginn seiner gymnastischen Ausbildung kann ein Pferd zwar an der Longe kreisen, aber einen korrekten Kreis gehen kann es dabei nicht, weil es auf Grund seiner noch fehlenden Wirbelsäulenbiegung die dazu nötige Körperrichtung nicht annehmen kann. Das gilt für ungymnastizierte Pferde jeden Alters!

Du siehst also, Longieren ist absolut kein Anfängerjob! Es gehört nicht weniger Erfahrung und Einfühlungsvermögen dazu, ein Pferd korrekt an der Longe zu arbeiten, wie zum Reiten selbst. Gedankenlose Longenarbeit schadet schnell dem jungen und auf Dauer auch dem erwachsenen Pferd mehr, als sie nutzt, weil sie zunächst gehörig auf die Knochen geht.

Kein Wunder also, dass ich mittlerweile dem Anlongieren von Remonten auf den üblichen (meist zu kleinen Longierzirkeln) mit zwiespältigen Gefühlen gegenüberstehe. Ich habe eine Reitanlage gefunden, in der ich die Losgelassenheit eines Pferdes zunächst mit freiem Bewegen in der ganzen Bahn erreichen kann. Die Pferde dehnen sich sehr viel leichter und schneller vorwärts abwärts, wenn man ihnen die Freiheit lässt, sich länger geradeaus zu bewegen. Natürlich ist man dabei zum konstanten durch-die-Wendungen-treiben auf eine zweite Person angewiesen. Aber die benötigst du theoretisch auf einem Longierzirkel mit einem (Mindest-) Durchmesser von 18 Metern ja auch. Weil dein Pferd sehr schnell merkt, dass du allein es mit deiner Longierpeitsche vom Mittelpunkt des Longierzirkel nie erreichst, ohne die Verbindung Longenhand-Pferd zu unterbrechen. Und wie wenig sich dein Pferd aus der Peitsche in deiner Hand macht, wenn es begriffen hat, dass das Ding nur knallt und nicht beißt, hast du vielleicht schon festgestellt.*

** Das Longieren zu zweit macht allerdings ein eingespieltes Team notwendig, das in der Lage ist, blitzschnell das rechtzeitige Zusammenwirken von nachgebenden und vortreibenden Hilfen zu erfassen und synchron zu handeln.*

In diesem Zusammenhang: Dass Longenarbeit ein Konditionstraining ist, ist nicht nur positiv, denn Pferde, die sich anfangs gegen geregeltes Arbeiten wehren, wehren sich natürlich mit guter Kondition auch unterm Reiter erheblich länger. Es liegt dann am Ausbilder, zu erkennen, dass es zweckmäßig ist, den Zeitpunkt des Anreitens vorzuziehen.

Wenn du nicht die Möglichkeit hast, anfangs dein Pferd auf der ganzen Reithallenfläche zu bewegen, wäre eine geschlossene Longierhalle die nächstbeste Empfehlung. In einer solchen Halle wird das junge Pferd nicht abgelenkt und die runde Hallenwand gibt ihm nicht nur optische Führung, sondern verhindert auch weitgehend ein Ausfallen der Kruppe. Steht dir aber zum Longieren eine solche Halle auch nicht zur Verfügung (und davon gehe ich mal aus), teilst du dir die normale Reitbahn zu einem optischen Zirkel ab. Nutze dabei die volle Breite von 20 Metern,* denn — siehe Kapitelanfang — je enger der Longierzirkel, desto schwerer machst du es einem ungymnastizierten Pferd, der gebogenen Linie losgelassen und im Takt zu folgen. Zur Zirkelbegrenzung verwendest du nach Möglichkeit Stangen. Und zwar so, dass keine Verletzungsgefahr für das unerfahrene Pferd besteht. Unter diesem Aspekt versteht es sich von selbst, dass die Pferdebeine mit soliden Gamaschen geschützt werden — was du beim Longieren grundsätzlich nie vergessen solltest. Denn Verletzungen durch Streichen sind um so ärgerlicher, je vermeidbarer sie waren.

Die ersten zwei bis drei Wochen longierst du — falls du hast — mit einem so genannten Kappzaum und ohne Ausbindezügel. Dein Pferd soll anfangs ja lediglich lernen, auf einem Zirkelbogen zu gehen und zu bleiben. Behilflich ist ihm dabei neben dem Longenführer noch eine zweite Person, die es auf der Zirkellinie anführt und dieses Anführen so lange wiederholt, bis das Tier von selbst im wahren Wortsinn „den Bogen 'raus hat".

Was die einzelnen Hilfszügelarten bzw. die Ausbinder beim Longieren bewirken und was nicht, darauf komme ich auf Seite 31 noch zu sprechen.

Auch auf die Gefahr, mich zu wiederholen: Schwunghafte Gangarten sind an der Longe für kein ungymnastiziertes Pferd ein Spaziergang, sondern Übungen, die das innere Beinpaar, vor allem das Hinterbein, ziemlich beanspruchen. Um Gelenkschäden durch Überlastung zu vermeiden, empfiehlt es sich, im Trab keine Seite länger als fünf Minuten zu arbeiten. Überhaupt ist ein junges oder untrainiertes Pferd in den ersten Wochen auch auf einem ausreichend großen Zirkel mit zwanzig Minuten Longenarbeit ausreichend bedient. Sicher, es gibt Pferde, insbesondere hoch im Blut stehende, deren Muskeltonus und solider Rücken eine längere Zeit an der Longe durchaus gut bekäme. Für deren Fußgelenke gilt das im Zweifel aber nicht.**

* Aus gutem Grund ist die Mindestbreite einer üblichen Reitbahn 20 Meter: Schon früh haben Ausbilder erkannt, dass ein Pferd zu Beginn seiner gymnastischen Ausbildung auf einem engeren Zirkelbogen die entsprechende Wirbelsäulenbiegung bzw. den daraus resultierenden leichten Versammlungsgrad des inneren, gewichtsstützenden Hinterbeins nicht schafft. Womit sich schon hier andeutet, dass Losgelassenheit mit Hinterhandtätigkeit zu tun hat.

** In diesem Zusammenhang ein Satz, den ich mal auf einem Lehrgang aufgeschnappt habe: „Wo viel longiert wird, wird schlecht geritten". Da ist insofern viel Wahres dran, als nur das gekonnte Zusammenspiel von Hand, Sitz- und Schenkelhilfen die für die gerade richtende Arbeit unerlässlichen Längsbiegungen erzeugt. Ich longiere wegen der eingeschränkten Einwirkungsmöglichkeiten im Allgemeinen nur zum Warming-up. Insbesondere bei stark bemuskelten Pferden oder bei solchen, die länger gestanden haben. Allerdings: Ein Pferd, das ich noch nicht kenne, nehme ich sicherheitshalber immer erst an die Longe, um mir risikolos ein Gesamtbild von seinem Temperament, Charakter und Gymnastizierungsgrad zu machen.

Ein folgenschwerer Fehler beim Longieren junger Pferde ist das zu frühe Galoppieren-lassen. Noch dazu auf zu engem Kreisbogen. Die Kraft, oder besser die Versammlungsfähigkeit, die nötig wäre, um das ausbalanciert in Selbsthaltung zu schaffen, besitzen Dreijährige so gut wie nie. Und fallen deshalb aus Steifheit, Muskelschmerz und auf der Suche nach ihrem Gleichgewicht in einen fluchtartigen, kratzenden Galopp. Dabei laufen sie Gefahr, dass die noch „unbeugsamen" Hinterbeine schon frühzeitig irreparable Schäden davontragen, mindestens aber Gallen durch überdehnte Gelenkkapseln, weil das jeweils innere Hinterbein die Gesamtlast von zehn bis zwölf Zentnern derzeit noch nicht mit seinen kompletten Gelenken stützen kann, sondern nur mit denen des Fußes, also lediglich mit Sprung- und Fesselgelenk.

Erst wenn dein Youngster gelernt hat, taktmäßig mit gestreckter Wirbelreihe und schwingendem Rücken auf dem Zirkel zu gehen, ergibt sich an der Longe die Ausbildungsstufe „***Anlehnung***". Willst du jetzt dazu zum Beispiel Ausbindezügel benutzen, werden sie so verschnallt, dass das Pferd ihre Wirkung erst spürt, wenn es anfängt den Hals zu dehnen.* Beide Ausbindezügel lässt du gleich lang, da du in diesem Ausbildungsstadium ja noch keine biegende Stellung erreichen willst, sondern erstmal Anlehnung. Dazu hältst du natürlich den „Motor" Hinterhand auf Touren, indem du es jetzt im Trab und Takt fleißig (aber nicht eilig, den entscheidenden Unterschied lernst du noch kennen) weiter vorwärts treibst. Je nach Energiegrad seines Motors bzw. nach der Beschaffenheit seines Rückens wird dein Pferd kurz über lang die erste leichte Anlehnung an die Ausbindezügel bzw. an das Trensengebiss und damit auch an die Longe nehmen. Dir als Longenführer teilt sich das deutlich durch einen straff federnden Zug der Longe auf die Hand mit. Und du registrierst mit Freude, dass dein Pferd im Moment der Anlehnung bereits die dritte Stufe der Ausbildungsskala betreten hat.

** Welche tiefere physikalische und physiologische Ursache diese Reaktion hat, wird unser Durcharbeiten der Ausbildungsskala sehr bald zutage fördern.*

Ich gehe hier vom normal veranlagten Reitpferd aus. Das heißt, ein Pferd mit „klarem Kopf" und gesundem, tragfähigem Rücken. Dass beides vom lieben Gott nicht immer in dieser ideal kombinierten Geschenkpackung geliefert wird, hat mich in den zurückliegenden Jahren mancher junge und noch unverdorbene Dreijährige gelehrt, mit dem ich zu tun hatte.

Ist nun dein Schüler so weit, dass er die Peitsche als vortreibende Hilfe ohne Angst akzeptiert und auf Stimmhilfen hin sein Tempo verstärkt oder verkürzt, ist der Moment des Anreitens gekommen. Es wäre gut, wenn dir dabei anfangs zwei Helfer assistierten. Der Longenführer steht beim Kopf des Pferdes und beruhigt es mit dem vertrauten Klang seiner Stimme. Es kann nicht schaden, wenn er auch jetzt 'was aus seiner Tasche zaubert, mit dem er das Pferd bei Laune hält und belohnt. Der zweite Helfer hebt dich vorsichtig in den Sattel bzw. legt dich zunächst einfach nur wie einen Sack darüber. Spannt sich das Pferd dabei und hält mit dem Kauen inne, ist Vorsicht geboten: Möglicherweise erfolgt im nächsten Moment ein befreiender Satz nach vorne. Und du tust gut daran, den Sattel freiwillig zu verlassen, bevor dir das Pferd dabei hilft.

Vor dem nächsten Versuch empfiehlt es sich, erneut die völlige Ruhe des Pferdes abzuwarten. Auch hier stellt sich der Erfolg unter Berücksichtigung des Faktors „Zeit" ein. Wie sich überhaupt immer wieder zeigt:

Am schnellsten kommst du mit der Ausbildung voran, wenn du dir Zeit nimmst!

Mit der Zeit wird das Pferd das ungewohnte Gewicht auf seinem Rücken dulden. Jetzt kannst du von der „Mehlsackbelastung" richtig in den Sattel gleiten. Um einem eventuellen Un- oder Übermutsbuckler besser ausweichen zu können, sind die Bügel noch zwei bis drei Loch kürzer geschnallt, als beim späteren Dressursitz. Müßig zu erwähnen, dass Sporen in dieser Phase des Anreitens der Sache noch nicht so recht dienen.*

Das erste Aufsitzen ist bei so gut wie jedem Pferd mit einer mehr oder weniger großen seelischen und körperlichen Belastung verbunden. Um ihm bei diesem Stress entgegenzukommen, reitest du sinnvollerweise zunächst auf der Hand, die sich während der Longenarbeit als die dem Pferd leichtere herausgestellt hat (Pferde sind wie Menschen in den seltensten Fällen ohne Übung auf beiden Händen gleich geschickt.**). Außerdem bist du's deinem zukünftigen Champion noch schuldig, dich im Sattel leicht zu machen. Dazu sitzt du im so genannten „Remontesitz". Gemeint ist ein Sitz, der bei leicht vorgeneigtem Oberkörper mehr aus den Oberschenkeln als aus dem Kreuz*** auf das Pferd einwirkt, um seinen Rücken zu entlasten.

* Wenn man eine Zeit lang mit jungen Pferden gearbeitet hat, kommt man zu der Erkenntnis, dass sie sehr viel früher die Gerte akzeptieren, als den Sporn

** Die Erklärung für diese Asymmetrie liefert Hoymar v. Ditfurth in seinem Buch „Innenansichten eines Artgenossen" auf Seite 340. Lektüre wärmstens empfohlen!

*** Hier wird's heikel: „Kreuz" ist wahrscheinlich der einzige Begriff der Reiterei, den ein Reiter auch mit der besten Erklärung erst dann versteht, wenn er „es" schon besitzt. Kreuzeinwirkung kriegt man unglücklicherweise nicht durch fleißiges Lesen, sondern ausschließlich durch fleißiges Reiten. Ich drücke mich hier also vor der theoretischen Erläuterung und verweise stattdessen auf Horst Stern's „So verdient man sich die Sporen". Besser als es dort beschrieben ist, kann ich's auch nicht.

* Lass' dich nicht verwirren: Wann immer ich im Folgenden von „kontrollierter" oder „beherrschter" Schubkraft spreche, heißt das nicht, dass du sie in ihrer Entfaltung behindern sollst. Was ich meine ist, dass du die rohe Schubkraft nicht in ein Tempo ausufern lassen darfst, bei dem es deinem Pferd unmöglich wird, seinen Schwerpunkt im Gleichgewicht nach rückwärts zu verlagern. Man könnte auch von kultivierter oder ausgebildeter Schubkraft sprechen. Davon später noch mehr.

** Ein Pferd losgelassen reiten heißt denn auch „zum Treiben kommen!"

*** Es gilt die Regel („Faust-Regel" passt hier prima): „Weniger ist mehr". Denn Reiterhände sind ein heißes Eisen. Einmal davon abgesehen, dass ich selbst erst sehr spät begriffen habe, dass bloße Handeinwirkungen noch keine Paraden sind, sah ich aber auch schon sehr viel zartere Kinderhände Pferdemäuler traktieren.

Lass' dich mit deinem jungen Pferd im Schritt anfangs sinnvollerweise noch an der Longe führen. Fühlst du dich sicher, bewegst du dich mit ihm nach kurzer Zeit schon frei auf vorwiegend geraden Linien des Vierecks. Apropos Schritt: Da lässt du übrigens deinen Schützling in den ersten Monaten – nein, ich bin geneigt zu sagen, in den ersten beiden Jahren – seiner Ausbildung mit der längsten Zügelverbindung zum Maul gehen, die dir möglich ist, ohne ganz die Verbindung zu verlieren. Er wird es dir später mit einer unbeeinträchtigten Fußfolge honorieren – und Turnierrichter (falls du Turnierambitionen hast), die gewohnheitsmäßig den Schritt stets doppelt kritisch beurteilen, mit einer respektablen Wertnote für diese Gangart.

In der Anreitphase wählst du hauptsächlich die Gangart „Trab". Natürlich und fleißig. Das heißt, es kommt zunächst auf nichts weiter an, als dass du die rohe Schubkraft unter Kontrolle behältst.* Vergiss nicht zur Erholung den Trab oft genug mit Schrittphasen abzuwechseln. Sollte dein Pferd aus lauter Gehfreude freiwillig in den Galopp springen, lass' es zu – ohne es zu behindern, aber auch, ohne seine Bewegung mit Sitz- oder sonstigen Hilfen zu forcieren. Warte ganz einfach mit ruhiger Körperhaltung ab, bis dein Fleißtier ebenso freiwillig wieder in den Trab fällt. Auf diese Weise verhinderst du eine ungewollte, zu hohe Aufrichtung ebenso, wie eine zu starke vertikale Biegung des Halses. Das sind Fehler, die die Schubkraft einschränken und deinem Pferd seinen natürlichen Gang und sein Gleichgewicht nehmen. Mit dem unangenehmen Zusatzeffekt, dass du es dann – weil es entweder gegen die Bande oder nach innen drängt – mit zu viel Handeinwirkung wieder auf den Hufschlag dirigieren müsstest.

Im Normalfall musst du auf dem Viereck der Reitbahn den Trab nach kurzer Zeit mit Schenkel und Gerte treibend** erhalten. Dazu hältst du eine weiche, flexible Verbindung zum Pferdemaul, sodass du bei Bedarf Tempokorrekturen mit leichten, kurzen Zügelanzügen anbringen kannst.***

Und die werden schon bald nötig sein: Bereits in der ersten Trabrunde stößt du trotz erster Gymnastizierungserfolge deiner Longenarbeit mit absoluter Sicherheit wieder auf die Grundsatzproblematik dieses Kapitels. Sie ist typisch für alle nicht gerade gerichteten Pferde und sie macht deine Handeinwirkung unvermeidlich. Und wenn du die nicht klug anbringst, hast du mit Problemen zu tun, vielleicht sogar zu kämpfen, solange du den Reitsport betreibst. Ich spreche von den deutlich spürbaren Schwierigkeiten bei den Wendungen. Genauer: Bei den Wendungen, bei denen korrekterweise die Hinterhand der Vorhand präzise auf einem Hufschlag zu folgen hat.*

** Auf der korrekten Ausführung dieser Wendungen basiert später, wenn du für eine weiterführende gerade richtende Arbeit die gebogene Körperrichtung deines Pferdes beibehältst, das Reiten auf gebogenen Linien. Zu deren Besprechung kommen wir in Kapitel 12.*

Als Erstes sind das jene vier, zu denen dein Pferd durch die vier Ecken der Reitbahn zwangsläufig genötigt wird. Sie machen es ihm noch enorm schwer, seinen Gang taktrein und in Anlehnung zu erhalten. Denn auf den kurzen wie auf den langen Seiten neigt es noch dazu – der geraden Richtung folgend – zu tief in die Ecken hineinzugehen, kann aber, ohne dass du es mit dem inneren Zügel mehr oder weniger stark auf der Vorhand in die Bahn hineinführst, nicht aus der Ecke wenden, weil ihm dazu die Gelenkigkeit fehlt, oder – um in den Begriffen der Ausbildungskala zu bleiben – das durchaus schon nötige, wenn auch noch sehr geringe Maß an Versammlung.**

*** Es ist derselbe Mangel an Biegsamkeit, der schon bei der Longenarbeit zutage trat.*

Denkst du dir jetzt anstelle der Ecke ein rechtwinklig gebogenes Rohr und statt deines Pferdes zum Beispiel einen starren Stock, leuchtet dir sofort ein, dass du den unmöglich durch die Biegung ziehen könntest. Wohl aber deine Reitgerte. Dieser Vergleich veranschaulicht das prinzipielle Anliegen der gesamten Sportpferdeausbildung. Ob für eine Dressur-oder Springkarriere macht dabei absolut keinen Unterschied.

Lass' uns also in den folgenden Kapiteln nicht nur ansehen, mit welchen Mitteln und Maßnahmen du dein Pferd Stufe für Stufe der Ausbildungsskala so arbeitest, dass es sich von „stocksteif“ zu biegsam wandelt, sondern auch, warum deine Arbeit nur Erfolg haben kann, wenn du die damit verbundenen pysikalischen Gesetzmäßigkeiten erkennst, anerkennst und für deine Arbeit nutzt.

Der Remontesitz entlastet den noch ungenügend gekräftigten Rücken. *Und bei näherem Hinsehen erkennst du, dass der Vollblüter hier zwar zwanglos, aber noch keineswegs losgelassen geht, denn er dehnt sich nicht an den Zügel.*

Longieren löst *– am besten mit Kappzaum. Heutzutage scheinen ihn nur noch wenige Reiter zu benutzen. Dennoch ist er ein unübertroffenes Hilfsmittel in der Grundschule, weil er dafür sorgt, dass das junge, noch ungeübte Pferd nicht im unrechten Moment „'was auf's Maul" kriegt. Der weitaus größere Vorteil des Kappzaums liegt aber darin, dass mit ihm das Nachgeben des Genicks sicherer herbeigeführt wird, als mit der Trense. Denn da bei einsetzender Rücken- und Halsdehnung die Hauptmuskeln des Halses (die ja bekanntlich – über die Genickverbindung laufend – am Oberkiefer angeheftet sind) zwangsläufig Druck auf die Laden ausüben, versucht das auf Trense gezäumte Pferd diesem Druck durch Nachgeben des Unterkiefers auszuweichen, um dabei gleichzeitig seine Halsmuskeln fest zu machen. Die Folge davon ist, dass es dann im Genick vollkommen unnachgiebig und für jede weitere Gymnastizierung unzugänglich bleibt. Diesem Übel begegnet der (präzise zu verpassende!) Kappzaum mit gutem Erfolg, weil er mittels durchhaltendem (Ausbinde-)Zügel auf den Oberkiefer wirkt.*

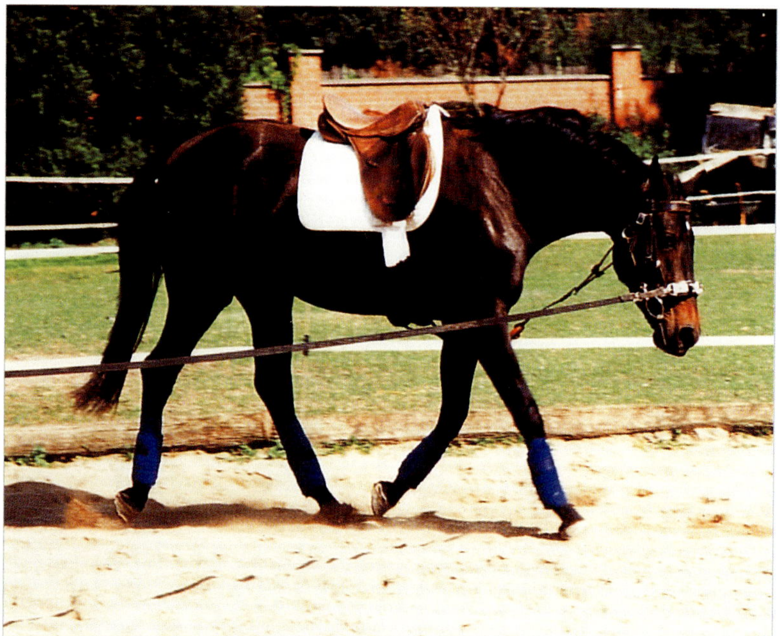

Longieren mit dem Chambon: *Meines Wissens das Hilfsmittel, das Pferde am schonendsten löst. Ich nutze diese Methode als Übergang zu den Ausbindern gerne, weil sie einerseits die vierbeinigen i-Dötzchen, deren Wirbelsäule sich noch nicht analog zur Zirkellinie biegen kann, wenig einsperrt und sie andererseits durch Begrenzung von Kopf und Hals nach oben zum Vorwärts-Abwärts-Strecken animiert. Dass das junge Pferd beim Chambon-Longieren mit hängender Nase langweg auf der Vorhand geht, nehme ich zu Beginn der Ausbildung in Kauf. Ganz einfach, weil mir grundsätzlich ein losgelassenes Pferd auf der Vorhand lieber ist, als ein festgehaltenes. Verrittene Pferde, die gewohnheitsmäßig Kopf und Hals zu hoch recken, sind mit dem Chambon ebenfalls relativ schnell in die Dehnungshaltung zu bringen.*

Longieren mit Ausbindern: *Eine Methode, die bald das Chambon ablösen sollte. Gleichwohl wende ich sie aber eher bei Pferden mit aktiver Hinterhand an. Und auch erst dann, wenn sie gelernt haben, in Takt und gleichmäßiger Dehnungshaltung auf dem Zirkel zu gehen. Ist ein Pferd soweit noch nicht, longiere ich nicht gerne mit Ausbindern, weil ich Unsicherheit über die zu verschnallende Länge empfinde. Ihrer Natur nach erzwingen sie – insbesondere, wenn sie zu kurz verschnallt sind – einen vertikalen Kreisbogen: entweder nach rückwärts oben oder nach rückwärts unten. Und das steht völlig im Gegensatz zum derzeit angestrebten Ausbildungsziel „vorwärts abwärts". Bei einem losgelassenen Pferd kann man aber in der Tat mit kürzer verschnalltem inneren Ausbinder die erforderliche Seitenbiegung des Halses forcieren. Und dem Korrekturpferd, dem das Festmachen seiner Hanken- und Rückenmuskulatur zur zweiten Natur wurde, ist mit einer deutlichen Innenstellung und relativ hoch gebundenem Hals in ruhiger Gangart bald klar zu machen, dass dieses Steifen nutzloser Energieaufwand ist.*

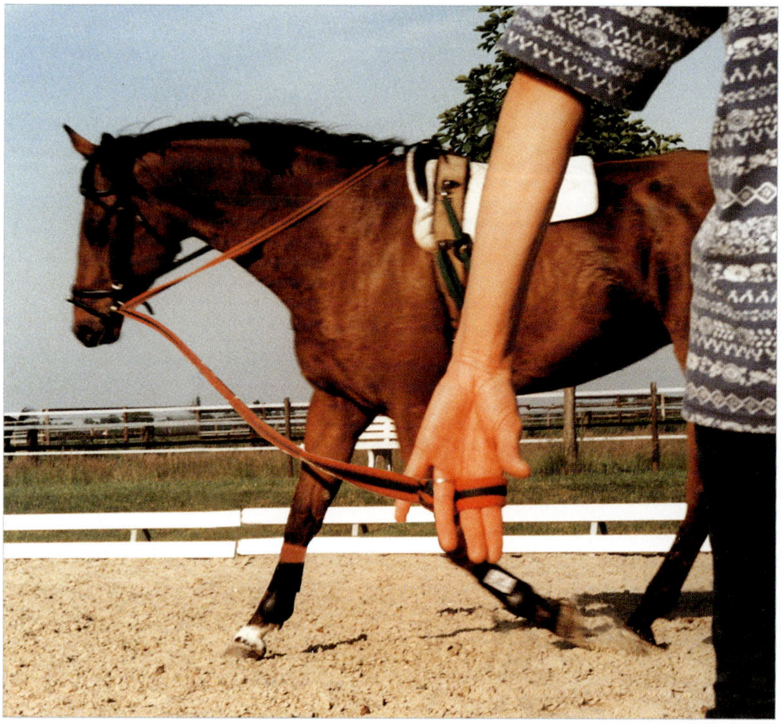

So beweist sich korrekte Anlehnung: *Die Longe bildet unter gleichmäßig federndem Zug eine stete Verbindung zwischen Hand und Pferdemaul; vorausgesetzt natürlich, du drehst dich konstant auf einem Fleck und bildest so mit deiner aushaltenden Hand den für die Anlehnung notwendigen Fixpunkt.* Würde sich das Pferd auf die Longenhand stützen, könnten nur zwei Finger dem Druck nicht standhalten. Umgekehrt würde bei durchhängender Longe, also bei noch nicht korrektem an-die-Longe-treten, die Longenschlaufe von den Fingern rutschen. Wichtig ist die richtige Schlussfolgerung aus dem an-die-Longe-treten: Just in diesem Moment gibt der vierbeinige Schüler zu erkennen, dass er es auf Grund richtig dosierten Treibens geschafft hat, sich losgelassen in seinem Gleichgewicht auszubalancieren. Was bei dem bekannten Problem, das der Zirkelbogen erzeugt, für ein noch ungebogenes Pferd zunächst alles andere als leicht ist. Die elastische Anlehnung als Bestätigung für Gleichgewicht und Losgelassenheit erlebst du später, wenn du auf dem Pferd sitzt genauso wieder: dann, wenn dein Pferd „an den Zügel herantritt". Im Gegensatz zur elastischen Verbindung sagt dir die durchhängende Longe, dass das Pferd auf der vorgegebenen gebogenen Linie (noch) keine Anlehnung gefunden hat. Daraus und eventuell auch aus den unübersehbaren Taktfehlern kannst du schließen, dass es sich weder losgelassen, noch im Gleichgewicht bewegt. Die Gründe dafür sind falsches Tempo und/oder ein zu enger Kreisbogen. Beides überfordert derzeit noch die notwendige seitliche Biegsamkeit der Wirbelsäule bzw. die Beugefähigkeit der drei großen Hinterhandgelenke. Damit tritt der innere Hinterfuß auf der gebogenen Linie nicht gerade in die Spur des inneren Vorderfußes, wie es richtig wäre, sondern er weicht der Biegeanforderung mit einer sichelschnittartigen Bewegung seitwärts in Richtung Bahninneres aus. Die dadurch entstehende permanent schiefe Stellung von Hinterhand zur Vorhand schränkt zwangsläufig nicht nur die Schubkraft ein, sondern behindert auch die gesamte Gangmechanik des Pferdes. Die ganze Tragweite dieses Problems wird sofort am Beispiel eines heckgetriebenen Autos deutlich: Stehen die Vorderräder nicht in derselben Spur wie die Hinterräder, bewegt sich der Wagen nicht mehr geradeaus, sondern – je nach Stellung der Vorderräder – entweder schräg nach rechts oder nach links. Würde ihn eine Kraft in dieser Stellung dennoch geradeaus zwingen, würde das ganze Fahrzeug nicht mehr frei rollen, sondern mit erheblicher Bremswirkung über die radierenden Vorderräder schieben.

** Dass ein „Fixpunkt" dennoch flexibel sein kann, beweist du, indem deine Longenhand in den Momenten nachgibt, in denen sich dein Pferd durch zu viel Biegeanforderung steif macht und „auf die Longe bzw. auf deine Hand stützt".*

Kurz bündig

Gang, Tempo, Takt, Schub

Gang ist die natürliche Veranlagung des Pferdes, sich in seinen drei Gangarten Schritt, Trab und Galopp in Freiheit und unbelastet fortbewegen zu können. Je perfekter sein Bau und je harmonischer sein Körpergewicht und seine Muskelkräfte aufeinander abgestimmt sind, desto korrekter, leichter und flüssiger wirkt sein Gang.

Tempo ist das Zeitmaß der Fortbewegung, also die Geschwindigkeit, mit der das Pferd eine bestimmte Strecke in einer bestimmten Zeit zurücklegt. Fußen dabei im Trab die diagonalen Beinpaare gleichmäßig und gleichzeitig ab und auf, folgen im Galopp die Sprünge und im Schritt die vier Hufschläge in gleichmäßigen zeitlichen Abständen aufeinander, so geht das Pferd im Takt.

Takt kann der reiterlichen Einwirkung und dem Dressurgrad des Pferdes entsprechend geregelt, also richtig sein. Er kann aber auch zu langsam sein, wenn die Tritte in zwar gleichmäßigen, aber zu lange dauernden Abständen aufeinander folgen. Oder er ist zu eilig, wenn die gleichmäßigen zeitlichen Abstände der Tritte zu rasch aufeinander folgen, wobei das Pferd entweder ins Eilen gerät oder sich zu verhalten beginnt. Beides verhindert Losgelassenheit und Anlehnung! Das Pferd verliert den Takt in dem Augenblick, wo ihm dieses Gleichmaß abhanden kommt, die Bewegung also aufhört, im physikalischen Sinne gleichförmig zu sein. Takt bleibt aber immer Takt, solange das Gleichmaß der Schritte, Tritte und Sprünge, d.h. ihre gleich bleibende Länge innerhalb eines bestimmten Tempos erhalten bleibt. Folgerichtig garantiert taktmäßiges Gehen nicht automatisch fehlerfreien Gang, denn auch Pass zum Beispiel kann im Takt erfolgen. So betrachtet erfüllt Takt im Sinne der Ausbildungsskala seinen Stellenwert erst in Verbindung mit Losgelassenheit. Bei überfordernden biegenden und versammelnden Lektionen leidet sofort die Losgelassenheit und wird durch Taktverlust offensichtlich.

Der Unterschied zwischen Tempo und Takt: Wenn zwei Pferde Kopf an Kopf galoppierend eine bestimmte Strecke in der gleichen Zeit und mit derselben Geschwindigkeit zurücklegen, ist ihr Tempo offensichtlich das gleiche. Wenn nun das eine Pferd für die Bewältigung der Strecke fünfhundert gleichmäßige Sprünge, das andere aber nur vierhundert benötigt, galoppieren sie beide zwar nicht nur im gleichen, sondern auch jedes für sich in einem taktmäßigen Tempo, nicht aber in der gleichen Taktfrequenz.

Schub ist das weite Vortreten der Hinterbeine in Richtung Schwerpunktlinie Reiter/Pferd mit kräftigem Abfußen vom Boden, um die physikalische Last Reiter/Pferd verstärkt vorwärts zu bewegen. Schub ist aber auch die erste Stufe der Entwicklung des Gangmechanismus und die Vorstufe des Schwungs (s.d.).

5 Das Leben ist ein Balance-Akt. Besonders für ein Reitpferd

Die Natur benötigt Gleichgewicht. Dein Pferd – als äußerst lebendiger Teil der Natur – ganz besonders. Deshalb sollte es dir auch nicht schwer fallen, unseren unvergleichlichen Sport unter Beachtung von ein paar Naturgesetzen zu betreiben. Denn ohne ein Verständnis der naturgesetzlichen Zwänge und Zusammenhänge, auf Grund derer die Ausbildungsskala ja überhaupt nur entstehen konnte, ist sie auch nicht in die Praxis umzusetzen.

Da musst du durch.

Jetzt die gute Nachricht: Die Naturgesetze, die beim Reiten gelten (und die aus Unkenntnis immer wieder mit Hufen getreten werden), erscheinen sofort plausibel, wenn du gewisse Physikkenntnisse aus deiner Schulzeit kurz wieder auffrischst. Angefangen bei den Gesetzmäßigkeiten, auf die du beim Anreiten eines jungen Pferdes als Erste triffst: die einfachen Bedingungen für das Gleichgewicht:

Wie jeder andere sich bewegende Körper bewegt sich auch ein Pferd unter seinem Reiter gleichmäßig, also ruhig und ohne zu eilen dahin, wenn

- sich das Pferd in seinem natürlichen Gleichgewicht befindet,
- dieses Gleichgewicht nicht verändert wird (abgesehen vom Ab- und Auffußen, was eine Bewegung ja erst ermöglicht),
- die Pferdebeine gleichmäßig ab – und auffußen,
- nicht Schmerz, Ängstlichkeit oder eine sonstige, sein seelisches Gleichgewicht störende äußere Einwirkung das Pferd veranlasst, davonzulaufen.

Diese 4 Punkte gelten immer: für das rohe wie für das höchst versammelte Pferd und für die Arbeitstempi wie für die verstärkten Gangmaße!

Schon drängt sich die Frage auf: Was bewirken Veränderungen der Schwerpunktlage beim Pferd? Vorausgesetzt, die Veränderungen der Schwerpunktlage kommen so, dass sie von den Beinen ausgeglichen werden können (also nicht zu plötzlich oder zu stark), versammeln bzw. verstärken sie die Bewegungen oder lassen sie nach rechts bzw. links abweichen. Und zwar ohne dass das Gleichgewicht dabei erschüttert wird. Diese Grundforderung zur natürlichen Ausbildung eines elastischen Rückengängers gilt für jedes Dressurstadium.

Daraus kannst du den Schluss ziehen:

Dein Pferd bewegt sich immer ruhig, losgelassen und im Gleichgewicht unter dir, wenn du ausbalanciert sitzt, mit ihm im Gleichgewicht bist und ihm mit dem Zügel keinen Schmerz im Maul verursachst.

In diesem Gleichgewichtssitz liegen letztlich alle Hilfen verborgen, die du als Reiter benötigst! Und es ist von großer Bedeutung, dass du dich an diese Gesetzmäßigkeit jedes Mal, wenn du in den Sattel steigst, neu erinnerst.

Veränderst du nun deinen Schwerpunkt, indem du vor, zurück, rechts oder links sitzt, verändert sich auch in gleichem Maß der Schwerpunkt für das gesamte physikalische Kräftesystem Pferd/Reiter in der eben beschriebenen Weise: Das Pferd verstärkt oder verkürzt seinen Gang, wendet nach rechts oder links.*

Allerdings:

Nur wenn du dein eigenes Gleichgewicht mit dem deines Pferdes in Übereinstimmung bringen kannst, ohne dass du dich dazu immer wieder am Zügel festhalten musst, wirst du in der Lage sein, dein Pferd ohne negative Beeinflussung seines seelischen und körperlichen Gleichgewichts und somit in den Zustand der Losgelassenheit zu reiten!

Ein gehfreudiges Pferd mit ausgeglichenem, furchtlosen Temperament, das nach diesen einfachen, natürlichen Gesetzmäßigkeiten geritten wird, dürfte tatsächlich unter dem Sattel bald alles gehen: Einige lange Galopps würden es veranlassen, sich im Rücken loszulassen und im Hals zu dehnen.** Dabei würde es sehr bald

** Leicht einzusehen, dass die Gewichtshilfen unter allen Hilfen den ersten Rang einnehmen. Einfach deshalb, weil sie vom Pferd aus physikalischen Zwängen befolgt werden müssen.*

*** Dieses Phänomen, auf das du ja schon beim Anlongieren gestoßen warst und ohne das es keine echte Versammlung geben kann, wird oft falsch gedeutet: Der vorwärts abwärts gedehnte Hals ist kein Selbstzweck, sondern eine zwangsläufige Folgeerscheinung der Kraftäußerung aller drei Hinterhandgelenke bzw. der Rückentätigkeit. Optisch ist er das Signal für beginnende Losgelassenheit! In Kapitel 6 wirst du die Zusammenhänge noch besser durchschauen lernen.*

begreifen, wie angenehm es ist, sich zum Ausbalancieren seines Gleichgewichts ans Trensengebiss anzulehnen. Es würde bei kraftvollem Schub aus Rücken und Hinterhand von selbst „an den Schenkel kommen", ihn als treibende Kraft beachten lernen und dann ohne Schwierigkeiten bei vortreibenden Sitz- und Schenkelhilfen sowie bei leicht gegenstehender, also ***Anlehnung*** gewährender Hand schon bald in erster, leichter Versammlung zu reiten sein, zumindest auf geraden Linien.

Schöne neue Reiterwelt, was?

Schön ja, neu absolut nicht. Denn was sich theoretisch so leicht liest, geht bei einem fortgeschritteneren Reiter, wie du es vermutlich bist, auch praktisch so leicht. Glaub's mir.

Voraussetzung ist allerdings erstens, du besitzt tatsächlich so „ein gehfreudiges Pferd mit ausgeglichenem, furchtlosen Temperament und kraftvollem Schub aus Rücken und Hinterhand" und verlangtest, zweitens, anfangs wirklich nicht mehr von ihm, als das, was es dir in der eben geschilderten Weise von sich aus angeboten hat.

Dass du die geschilderte Idealversion dennoch im Konjunktiv liest, hat seinen Grund: Ich habe viele Pferde kennen gelernt, die mit dem oben beschriebenen identisch waren und deren Reiter sich trotzdem irgendwann zu fragen begannen, warum, zum Teufel, ihnen das so nicht gelungen ist. Meine Antwort ist mehr als eine Vermutung: Mit an Sicherheit grenzender Wahrscheinlichkeit übersehen oder übersahen sie (oder der Vorbesitzer des jeweiligen Pferdes) bei den Ausbildungsbemühungen bestimmte Gesetzmäßigkeiten, denen sich Pferd und Reiter unterwerfen müssen. Bei der Missachtung dieser Gesetzmäßigkeiten landeten beide unvermeidlich in einer Sackgasse. Hätten die Reiter diese Naturgesetze beachtet bzw. genutzt, hätten sie das oben beschriebene Ideal wahrscheinlich auch so kennen gelernt.*

Um leichter über die Hürden zu kommen, die möglicherweise auch im Ausbildungsweg deines Pferdes stehen, nimmst du jetzt einen kurzen Anlauf. Dazu musst du einige Schritte zurück – noch mal zum Anfang dieses Kapitels. Da hattest du erfahren:

** Höre ich dich jetzt sagen, du wolltest dich in deiner ohnehin knappen Freizeit eigentlich nicht unbedingt so konzentriert und aufwändig deinem Hobby widmen? Sieh es doch mal so: Ob du eine Stunde gut oder schlecht reitest -der Aufwand ist der gleiche, das Ergebnis aber ganz und gar nicht.*

Schon beim ersten übereilten Schritt, Trab oder Galopp verliert dein junges Pferd die Anlehnung, weil es seinem verlorenen Gleichgewicht hinterherläuft. Nach dem Motto „Wehre den Anfängen" musst du das sofort mit Reduzierung des Tempos korrigieren. Andernfalls kriegst du dein Pferd weder je ins Gleichgewicht noch von der Vorhand weg!

Die Gefahr ist groß: Sieh dir die Schwerpunktlage eines Pferdes an. Dabei wird dir auffallen, wie weit anatomische Gegebenheiten sie nach vorn verlegt haben. Weiter wird dir auffallen, dass es einem Pferd von sich aus unmöglich ist, bei seiner lang gedehnten Körperform die Hinterfüße so weit vorzusetzen, dass sie einen Teil der überhängenden Last mittragen. Was es in der freien Natur ja auch nicht so nötig hat. Kein Wunder also, dass bei stärkerem Gang und erst recht, wenn zusätzlich noch das Gewicht eines Reiters auf seinem Rücken lastet, das Gleichgewicht durch die Bewegungsenergie nach vorwärts bedroht ist. Außerdem überanstrengt es die Vorderbeine, wenn sie ständig den größten Teil der Last stützen müssen.

Wie löst du nun dieses Problem, ohne gegen die vier Gleichgewichtsregeln von Seite 34 zu verstoßen?

Um den Schwerpunkt von den Vorderbeinen weg nach rückwärts zu verlegen, könntest du testweise den Oberkörper etwas hinter den Schwerpunkt deines Pferdes zurückneigen. Eigentümlicherweise machst du dabei aber die Erfahrung, dass dein Pferd seinen Gang nicht verkürzt (was nach den Gleichgewichtsgesetzen ja zu vermuten war), sondern, im Gegenteil, mit den Hinterbeinen energischer abfußt und seinen Gang mit weiteren bzw. längeren Tritten verstärkt. Dieses scheinbar paradoxe Phänomen ist verblüffend einfach zu erklären, wenn du wieder die Physik zu Rate ziehst: Die Hinterbeine sind durch ihre Gelenke in mehrere Winkel zusammengefügt und durch ihre Verbindung mit Muskeln, Sehnen und Bändern mit einer gewaltigen Federkraft ausgestattet.* *Nach dem physikalischen Gesetz von Aktion und Reaktion schnellt jeder mit Reaktionsfähigkeit ausgestattete Winkel mit der gleichen Kraft zurück, mit der er zusammengedrückt wurde.* Dieser dynamischen Reaktion ist selbstverständlich auch das physikalische System „Pferd" unterworfen: Die durch Gewichtsverlagerung nach rückwärts etwas mehr zusam-

* *Die für die Versammlung zuständigen Hinterhandgelenke nennt man „Hanken". Ein Begriff, der den meisten Reitern zwar bekannt ist, aber nicht wenige identifizieren damit nur die Sprunggelenke. Richtig ist, dass die Sprunggelenke bedeutsame Gelenke der Hinterhand sind, weil die Natur sie mit ganz besonderer Eignung und Federkraft ausgestattet hat. Die wirklich tragenden Teile der Hanken aber bilden Hüft- und Kniegelenk. Diese beiden Gelenke sind durch ihre Knochenstärke und die umgebenden Muskelgruppen die weitaus kräftigsten Gelenke der Hinterhand. Sie bewegen über Sehnenfortsätze die unteren Teile des Schenkels mit und bilden die so genannten „Hosen" deines Pferdes.*

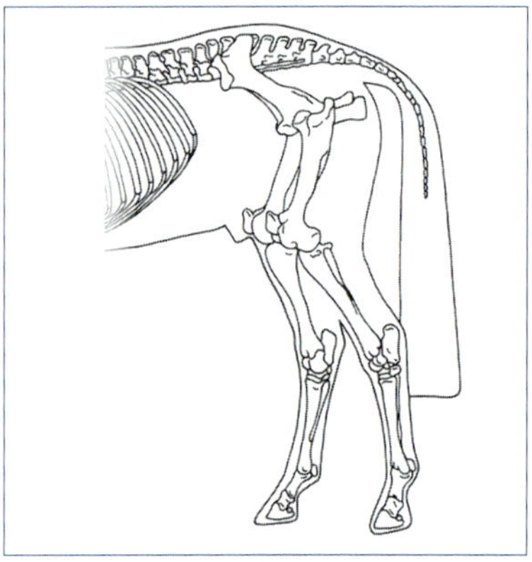

Unbelastete, ungebeugte ...

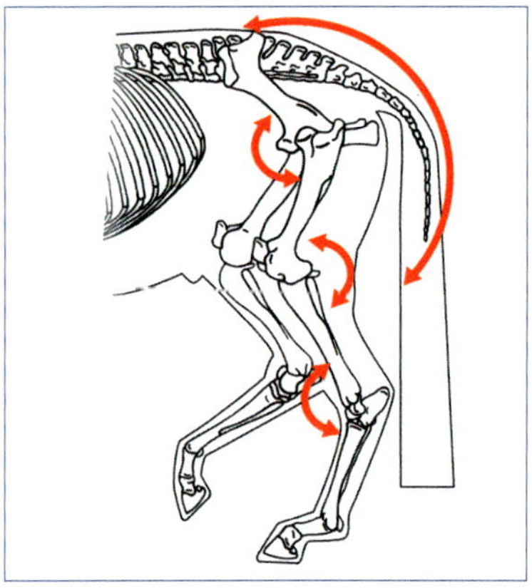

... und in den Winkeln ihrer drei großen Gelenke »zusammengedrückte« Hinterhand.

mengedrückte „Feder" Hinterhand expandiert auch etwas energischer. Das Ergebnis dieses physikalischen Effektes ist ein vermehrtes Vorwärts der gesamten dynamischen Einheit Pferd/Reiter. Wie schon gesagt, bedeutet das natürlich auch, dass die Beine als Stützen des Gleichgewichts vermehrt vor- bzw. untergreifen. Just dieses vermehrte Vorwärts sorgt tückischerweise bei deinem jungen, aber Gott sei Dank auch noch unverbildeten Pferd dafür, dass sein angeborenes Gleichgewicht gefährdet ist. Es besteht die Gefahr, dass es sich bei zu viel aktivierter Schubkraft mit jedem Schritt, Tritt oder Sprung permanent selber von hinten nach vorn auf die Vorhand schiebt – und dir dabei obendrein deine Sitzeinwirkung nimmt. Es lässt dich mit gestrecktem Rücken nicht weich sitzen, sondern drückt dich mit verkrampftem Rücken andauernd auf seine Schultern.

Das zu verhindern ist jetzt deine oberste Aufgabe.

Gelingen wird dir dieser wichtige Job nur, wenn du die durch dein Treiben aktivierte Schubkraft auf einem Tempo hältst, bei dem dein Pferd im Gleichgewicht bleibt.* Beherrschst du die Schubkraft deines Pferdes nicht in dieser Weise, findet es unter dir sein Gleichgewicht nie, sondern eilt ihm andauernd hinterher, wobei es dann deine Hand als harte Stütze seines Gleichgewichts benutzt, anstatt zur weichen, balancierenden Anlehnung.

** und das vielleicht deshalb als „Arbeitstempo" bezeichnet wird, weil es das Pferd in positivem Sinne arbeitet, es also gymnastisch verbessert.*

Extrem verunsichernd wirkt sich verlorenes Gleichgewicht bei Springpferden aus. Sie sind selbst bei maximalem Raumgriff auf einen ausbalancierten Galopp zum ruhigen Taxieren und konzentrierten Springen angewiesen, da sie nur in einem ausbalancierten Galopp in der Lage sind, selbstständig oder auf reiterliche Einwirkung hin ihre Sprünge zur Korrektur von Distanzen zu verlängern oder zu verkürzen. Tatsächlich darf ein junges Springpferd anfangs eher auf die Vorhand als aus dem Gleichgewicht kommen. Denn mit Verlust des Gleichgewichts verschärfen die Energie (die ein Jagdgalopp mit sich bringt) und auch die Angst, den Sprung nicht passend zu schaffen, das Tempo noch. Dieser jagende Galopp wird gerne falsch interpretiert: Das Pferd zieht das Hindernis keineswegs besonders springbegeistert an, sondern ist längst auf der Flucht – natürlich nach vorn, da es ja nicht rückwärts davongaloppieren kann. In diesem Zustand fehlender Losgelassenheit kommt es von den Reiterhilfen und ist kaum noch regulierbar. In weiterer Folge werden Reiter und Pferd kopflos und die Absprungdistanzen passen – wenn überhaupt – nur noch zufällig. Das wiederum heizt die Nervenbelastung bei beiden so an, dass ihr Weg wahrscheinlich nicht mehr fehlerfrei in der Ziellinie endet, sondern in Panik.

Immerhin: Gefahr erkannt – Gefahr gebannt. Genau deshalb stehen Takt, Losgelassenheit und Anlehnung als elementare und unverzichtbare Prüfpunkte der Reitpferdeausbildung auch am Anfang der Ausbildungsskala für Dressur- und Springpferde gleichermaßen.

Präg' dir also ein:

Eilen ist kein Zeichen von Fleiß, sondern der Hinweis auf verloren gegangenes Gleichgewicht! Entweder durch Unsicherheit durch Schmerz,* oder durch ein übertriebenes Vorwärts auf Grund unkontrollierter Schubkraft.

* Pferde, die aus dem seelischen wie körperlichen (das eine bedingt zumeist das andere) Takt geraten sind, eilen immer. Menschen übrigens auch!

Tückisch ist, dass ein Pferd, das weder losgelassen noch im Gleichgewicht ist, dennoch im Takt gehen kann. Denn natürlich können, wie ja schon auf Seite 33 unter „Kurz & bündig" zu erfahren war, zu eilige (wie auch zu langsame) Tritte taktmäßig folgen.** Allerdings: Je dauerhafter ein Pferd „über Tempo" geritten wird, desto schwieriger wird es, diesen Zustand, der kurz über lang die gesamte Muskulatur nachhaltig versteift, anhand von Taktfehlern nachzuweisen. Und erst recht, ihn zu korrigieren. Die hier alles beherrschende Frage lautet: Wie fängst du es an, dass dein Pferd mit dir auf dem Rücken gar nicht erst aus dem Gleichgewicht kommt, bzw. wie regulierst du sein Vorwärts im Gleichgewicht, damit es sich loslassen kann? Am besten, in dem du noch einmal den ersten roten Merksatz von Seite 35 in dich aufnimmst und konsequent danach handelst:

** Außerdem weisen Taktfehler nicht automatisch auf fehlerhafte Gangarten hin, wie ich das mal irgendwo gelesen habe. Denn der bei Sportpferden so gefürchtete Passgang zum Beispiel kann durchaus taktrein erfolgen.

Wenn du dein Pferd im Gleichgewicht vertrauensvoll dahin reitest, ohne dass es Schmerz empfindet, entspannt es nach einer gewissen Zeit seinen Rücken und behält bei hingegebenem Zügel seinen Takt bei.

Damit hätte dir die sorgfältige Beachtung des Gleichgewichts wie von selbst geholfen, über die Zwanglosigkeit die beiden ersten und unzertrennlichen Stufen der Ausbildungsskala Takt und Losgelassenheit zu erreichen. Schwör' dir hier und jetzt, dass du beides ab sofort bis zur äußersten Ausbildungsstufe, die du je erreichen wirst, zur unveräußerlichen Grundlage deiner täglichen reiterlichen Arbeit erhebst. Denn grundsätzlich gilt:

So gut wie jedes reiterliche Problem löst sich durch Lösen!

Ausschließlich mit einem entspannten, „hergegebenen" Rücken ist ein Pferd Wachs in Reiterhand, also in der Lage, das gesamte System seiner Beuge- und Streckmuskulatur in den Dienst einer gerade richtenden Arbeit zu stellen. Dabei gibt es sich zunächst noch ganz seiner natürlichen Haltung hin: Langweg und mit „hängender Nase" und natürlich noch auf der Vorhand. Was absolut o.k. ist, solange es dabei nicht aus seinem Gleichgewicht eilt. Regst du nun die Hinterhand durch sachtes Treiben zu größerer Aktivität an, verändert das zwangsläufig auch die Gleichgewichtssituation des dynamischen Systems Pferd/Reiter. Dabei machst du jetzt die Erfahrung, dass es dein Pferd mit einem Trensengebiss im Maul für ganz natürlich hält, seinen lang gestreckten Hals an das Gebiss anzulehnen,* um sich auf diese Weise in seiner neuen Gleichgewichtssituation auszubalancieren. Ebenfalls hält es ein Pferd in diesem Zustand für ganz natürlich, seinen eilenden Gang zu verkürzen, wenn ein leichter, momentaner Widerstand mit der Trense auf die Lade ausgeübt wird. Sei es durch einen Führer vom Boden aus oder sei es durch die Hand eines auf ihm sitzenden Reiters. Vor allem aber zeigt sich, dass ein Pferd im Gleichgewicht zugänglich ist für die leichtesten, auch nur angedeuteten Hilfen. Der langen Rede kurzer Sinn:

** Wie schon auf S. 36 beschrieben, stellt sich die dritte Stufe der Ausbildungsskala, die Anlehnung, bei richtiger Reitweise, sprich bei gleichmäßigem Vortritt des inneren und des äußeren Hinterbeins, tatsächlich ganz von selbst ein.*

Im jetzigen Ausbildungstadium dienen (leichte, momentane) Handeinwirkungen auf das Pferdemaul ausschließlich dazu, die Schubkraft unter Kontrolle zu halten, also der Regulierung des Ganges auf ein Tempo, das Takt & Losgelassenheit herstellt, erhält bzw. im Fall des Eilens wiederherstellt.

Ich betone das so eindringlich, weil schon die Praxis des Anreitens vielfach vom geschilderten Ideal abweicht: Die Reiterhand wirkt zu oft und vor allem zu stark ein. Insbesondere dann, wenn der Reiter nicht in der Lage ist, die rohe Schubkraft beim anfänglich noch eilenden oder torkelnden, weil Gleichgewicht suchenden Gang seines jungen Pferdes unter Kontrolle zu bringen, ohne sich dazu ständig selbst am Zügel im Gleichgewicht zu halten. Derartige Handeinwirkungen zum Pferdemaul haben mit den eben beschriebenen „leichtesten, auch nur angedeuteten Zeichen" nichts zu tun. Sie erzeugen im Gegenteil beim jungen Pferd Unsicherheit, Schmerz und in der Folge Angst. Angst erzeugt innere Widerstände und Davonlaufen. Davonlaufen wird dann zumeist vom Reiter reflexartig mit noch mehr Hand korrigiert...

Ich denke, du erkennst den Teufelskreis. Durchbrechen kann ihn nur, wer gelernt hat, auf seinem Pferd instinktiv das zu lassen, was er instinktiv gerne tun würde. Auch das zeichnet den talentierten Reiter aus.

Aber kommen wir wieder zu den Gesetzen der Ausbildungsskala. Und zwar mit dem Umkehrschluss des zweiten Merksatzes von Seite 35. Er erklärt dir, warum in der Ausbildungsskala „Takt & Losgelassenheit" praktisch eine Einheit bilden:

Geht dein Pferd losgelassen im Takt, zeigt es dir damit, dass es keine Unsicherheit, Angst oder Schmerzen verspürt, sich also im seelischen wie körperlichen Gleichgewicht befindet.* Hat dein Pferd unter dir erst sein Gleichgewicht verloren, hast du als Ausbilder verloren!

Wenn du dir das stets vor Augen hältst, kann dir übrigens auch beim Kauf eines Pferdes hinsichtlich der Qualität seiner Grundausbildung so leicht niemand ein X für ein U vormachen. Und um es gleich dazu zu sagen: Bei einem Pferd, das dir zum Kauf angeboten wird, solltest du erkannte Grundausbildungssünden nicht tolerieren, denn unter Umständen hast du lange, wenn nicht sogar über die gesamte „Laufzeit" deiner Erwerbung, damit zu kämpfen. Lass' dich also beim Besichtigen nicht zu sehr von den hoch versammelten Verkaufsexemplaren beeindrucken, die „toll am Zügel gehen" (die gibt's gelegentlich natürlich auch), sondern eher von den zwanglosen bzw. losgelassenen Kandidaten! Denn erstens wirst du ein Pferd, das unter Missachtung von Losgelassenheit auf „blendende" Verkaufsform zusammengestaucht wurde, kaum aussitzen können,** zweitens erkennst du die ganze Wahrheit über den dir präsentierten „Augenstecher" nur in der Losgelassenheit: den wahren Zustand seines Rückens, seine echten Grundgangarten und ob beides deinen Wünschen, *vor allem aber auch deinen körperlichen Einwirkungs-*

* *Von einem Menschen würde man wohl sagen, dass er psychosomatisch in Ordnung ist.*

** *Wofür du dich nicht schämen musst; schon gar nicht, wenn's dir von einem so genannten „Profi" vorgeritten wird.*

möglichkeiten entspricht, wenn du zum Treiben kommst. Also, bevor du dich in deinen Auserwählten verliebst: Besteh' darauf, dass man dir das Pferd in allen drei Gangarten auch am langen und hingegebenen Zügel taktmäßig einwandfrei vorstellt! Insbesondere, wenn es sich um ein noch junges Auktionspferd handelt.

Für Turnierambitionierte zum Thema „Pferdekauf" noch eine persönliche Erfahrung: Wäre auch nur ein Zehntel der Verkaufspferde, die ich mir in den zurückliegenden Jahren auf Grund des annoncierten Prädikats „L- bzw. M-fertig" angesehen habe, im Sinne der Ausbildungsskala wenigstens „A-fertig" gewesen, gäbe es für dieses Buch keinen Grund.

Ich denke, bei einem „A-fertigen" Pferd sollten nicht mehr und nicht weniger als die ersten drei Stufen der Ausbildungsskala klar erkennbar sein: Takt, erste Losgelassenheit und beginnende Anlehnung. Nebenbei gesagt wäre es dann bis zur L-Reife tatsächlich nur noch ein relativ kurzer Weg. Falls dir dieses Kapitel in seinen Einzelheiten zu schwer zu merken ist, kannst du es dir mit diesem einen Satz verinnerlichen:

Sollten dir bei beginnender Wirbelsäulenstreckung deines Pferdes die Körperkräfte fehlen, seine Hinterbeine zur vermehrten Lastübernahme unterzutreiben, so wäre dieser Mangel an Einwirkung nicht annähernd so dramatisch, wie wenn du durch falsch verstandene Versammlung seine Losgelassenheit und damit zugleich seine Chance zur Anlehnung wieder zunichte machtest.

Wenn du den Inhalt des hervorgehobenen Textes auf dich einwirken lässt, ahnst du wahrscheinlich, dass der Anlehnung eine zentrale Bedeutung innerhalb der Ausbildungskala zukommt. Du ahnst richtig, wie du gleich sehen wirst.

Die schrittweise Entwicklung der Schwerpunktverlagerung von Pferd und Reiter lässt sich bei korrektem gymnastischen Aufbau – zwar grob vereinfacht, aber dafür um so anschaulicher – in drei Stufen unterteilen:

1. Vom Anreiten bis etwa A-Dressur-Reife liegt der Schwerpunkt primär noch auf der Vorhand.

2. Bei der „Gebrauchshaltung", wie sie zum Beispiel für leichte Dressur- und Springprüfungen ausreicht, ist der Schwerpunkt in etwa gleichmäßig auf Vor- und Hinterhand verteilt.

3. Bei der so genannten „Dressurhaltung" rückt der Schwerpunkt mit zunehmenden Prüfungsanforderungen immer weiter in Richtung Hanken.

6 Von unsichtbaren Ursachen und sichtbaren Auswirkungen

Du hast also dein Pferd mittlerweile dazu gebracht, sich in Takt und Gleichgewicht an den Zügel zu dehnen – es geht losgelassen. Um diesen Zustand leichter herbeizuführen, hattest du es vorwiegend noch auf geraden Linien geritten. Schaust du dich jetzt mit deinem Pferd im Reithallenspiegel an, siehst du, dass sich – wie beim Longieren – Kopf und Hals nicht mehr in derselben Haltung befinden, wie zum Zeitpunkt deines Aufsitzens.

„Wie kommt dat?" pflegte mein alter Physiklehrer uns pennende Penäler in solch unklaren Fällen wach und verlegen zu machen.

Es lohnt sich, der Sache auf den Grund zu gehen: Wenn du auch gelernt hast, dass Rumpf und Fortbewegung des Pferdes von einem ruhig getragenen Hals unabhängig sind, so ist das umgekehrt absolut nicht der Fall. Damit du besser verstehst, was hier in bzw. mit deinem Pferd vor sich geht, bemühen wir noch einmal seine Anatomie: Man hat sich angewöhnt, ein Pferd in Hinterhand, Mittelhand (oder Mittelstück) und Vorhand einzuteilen. Das ist für die Beurteilung der anatomischen Qualität dieser einzelnen Partien sicher sinnvoll, birgt aber die Gefahr in sich, auch ein Pferd in Bewegung dreigeteilt zu behandeln. Tatsächlich aber verhält es sich so: Die Streckmuskulatur greift von der Hinterhand in die des Rückens und diese wieder in die des Halses hinein. Starke Bänder gehen vom Genick über die ganze Wirbelsäule hinweg bis zur Hinterhand und enden dort in Sehnen. Wie schon gesagt, lässt die reiterliche Dreiteilung des Pferdes die tatsächliche Einheit nicht

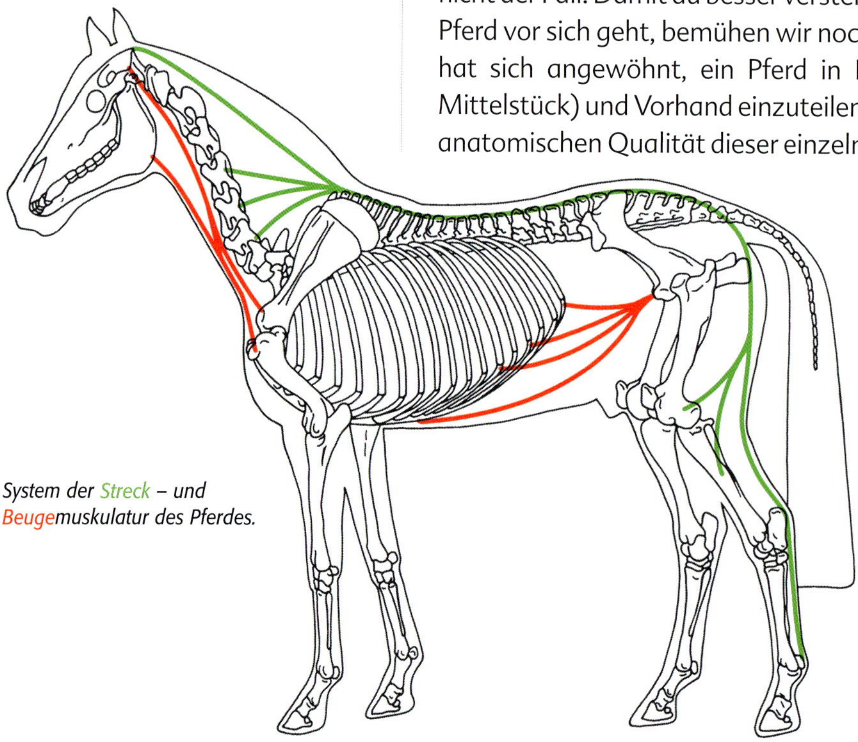

System der Streck – und Beugemuskulatur des Pferdes.

nur gelegentlich vergessen, sondern sie erweckt sogar den Eindruck, als wäre ein Teil ohne den anderen zu arbeiten.* Aber nicht nur die detaillierte Anatomie zeigt die harmonische Einheit des gesamten Pferdeleibes – ganz alltägliche Beobachtungen führen zu der gleichen Erkenntnis: Ein bockendes Pferd zum Beispiel verbindet mit der Aufwölbung seines Rückens das Herabstoßen von Hals und Kopf. Ein Pferd, das mit gestrecktem Leib über einen mächtigen Graben fliegt, reckt ebenfalls Hals und Kopf lang vor. Wenn du beides nicht vor Augen hast, dann bück' dich nur mal selbst und versuche, mit der Nasenspitze deine Kniescheiben zu berühren: Bei derart gerundetem Rücken kannst du deinen Hals und Kopf nicht hochnehmen, ohne dich dabei zu verkrampfen. Aus dem gleichen Grund ist es auch einem Pferd unmöglich, seine Hinterbeine stärker unter seinen Leib zu setzen, ohne dabei seinen Rücken aufzuwölben und damit natürlich auch seinen Hals an dieser Wirbelsäulenwölbung teilnehmen zu lassen.

** oder in Mitleidenschaft zu ziehen!*

Sicher, im Anfangsstadium der Gymnastizierung ist die Streckung der Wirbelsäule noch zu gering, um deutlich sichtbar zu sein. Dass sie dennoch stattfindet, hatte dir dein Pferd ja schon beim Anlongieren signalisiert: als es sich vorwärts abwärts dehnte. Was es natürlich auch tut, wenn du im Sattel sitzt – sofern du es nicht durch falsche Einwirkung daran hinderst.

Du erinnerst dich: Wenn du deinen Oberkörper etwas aus dem Gleichgewichtssitz zurückneigtest, so hatte das den Effekt, dass sich auch der Schwerpunkt für die Einheit Pferd/Reiter nach rückwärts verlagerte. Aktiviertest du obendrein die Hinterhand deines Pferdes durch vermehrtes Treiben, sorgtest dabei aber zugleich mit kurzen, angedeuteten Zügelanzügen dafür, dass sein Gleichgewicht nicht durch Übereilen verloren ging, so traten die jetzt etwas mehr belasteten Hinterbeine als Stützen des Gleichgewichts auch vermehrt unter den Pferdeleib. Dadurch fand eine weitere Verlagerung des Schwerpunktes nach rückwärts statt. Und das veränderte logischerweise ebenfalls das dem Pferd angeborene Verhältnis von Vor- und Hinterhandbelastung – die schon angesprochene veränderte Gleichgewichtssituation trat ein. Und auf die muss dein Pferd reagieren. Ob es will oder nicht.

Das physikalische Gesetz, das diesen Zwang ausübt, ist dir wahrscheinlich längst bekannt: dass nämlich die natürliche Schwerpunktlage von jedem Körper immer wieder angestrebt wird, wenn sie sich verändert hat. Gleichgültig, durch welchen Einfluss. Der Mensch zum Beispiel, der einen Zementsack auf dem Rücken trägt, beugt sich zwangsläufig vor. Der, der ein volles Bierfass vor sich herträgt, lehnt sich dem gleichen Zwang zufolge zurück. Ein voller Wassereimer in der Rechten erzwingt eine Neigung zur linken Seite. Das Pferd, das einen Berg hochklettert, wobei seine Schwerpunktlage nach rückwärts rutscht, legt sein Gewicht zwangsläufig nach vorn. Sitzt dabei ein Reiter auf seinem Rücken, wird der ebenfalls zum Gleichgewichtausgleich seinen Oberkörper nach vorn neigen. Die Reaktion auf solche veränderten Schwerpunktlagen ist eben eine ganz natürliche.* Allerdings nur dann, wenn sich der Körper diesen Einwirkungen zwanglos bzw. losgelassen hingibt!

* Du könntest auch sagen „eine naturgesetzliche"

Den Zwängen der Gleichgewichtsgesetze entgeht nichts und niemand.

Diese Einschränkung will sagen, dass die gleichen Gesetzmäßigkeiten für zwei Pferdetypen nicht mehr so ohne weiteres gelten: Erstens die Schwachrückigen, die sich aus Angst „durchzubrechen", wenn sie sich loslassen, total verkrampfen und deshalb nie loslassen. Und zweitens die „Vergurkten", die unter Totalverlust ihrer Zwanglosigkeit mit festem Rücken und totem Maul** stumpfnicklig gegen Reiterhand und -schenkel, vor allem aber völlig schief und steif auf der Vorhand gehen. Den Erstgenannten kann ich zu ihrem Glück nur lebenslangen Weidegang bzw. einen leichtgewichtigen Reiter mit ausgeprägtem Sinn fürs Spazierenreiten wünschen; als belastbarer Sportkamerad ist dieser Typ Pferd nicht auf die Welt gekommen.

** Bei näherer Betrachtung stecken hinter Maulschwierigkeiten zumeist Rückenschwierigkeiten. Zwar hört man, dass bestimmte Hengste eine gewisse „Mauligkeit" vererben, trotzdem: Maulschwierigkeiten sind zumeist wie weggeblasen, wenn das losgelassene Pferd anfängt, sich zu tragen.

Bei den zweitgenannten Kandidaten sind die Ursachen für das

Entgleisen ihrer natürlichen Ausbildungsentwicklung im Wesentlichen durch Missachtung der beschriebenen naturgesetzlichen Zusammenhänge, sprich durch Reiterfehler zu erklären. Das heißt, entweder haben solche Pferde von Anfang an durch die mangelhafte Entwicklung ihrer Schubkraft, also durch ein zu forsches Arbeitstempo und/oder durch zu frühes bzw. zu starkes Versammeln und die damit verbundene schubkraftzerstörende künstliche Aufrichtung, nie die Chance bekommen, sich mit tragender Hinterhand und gestrecktem Rücken in ihrer neuen, nach hinten verlagerten Gleichgewichtsituation auszubalancieren,* oder sie besitzen eine derart kompakte Hankenmuskulatur, dass die Körperkräfte des Reiters nicht reichten, um den Rücken bis zur Dehnphase „aufzutauen". Tatsächlich kostet es oft viel Mühe, muskelstarke Pferde, die schon über Jahre auf der Vorhand gehen, wieder zur Zwanglosigkeit und damit auf die für jede gerade richtende Arbeit notwendige natürliche Reaktion auf Gleichgewichtsveränderungen zurückzuarbeiten.** Man muss schon über eine ordentliche Kreuzeinwirkung und ein beträchtliches Maß an Durchhaltevermögen verfügen, um so ein Pferd letztendlich doch noch dahin zu bringen, seine Muskulatur für die Längsbiegungen freizugeben. Wobei es widersinnig erscheint, dass man einerseits zum Lösen der versteiften Hals-, Rücken- und Hankenmuskulatur die Hinterbeine vor- bzw. untertreiben muss, obwohl man ja eigentlich erst nach der Lösungsphase zum Treiben kommt. Andererseits ist dabei mit hartnäckig (aber nie hart) aushaltender Hand das Vorwärts so zu verkürzen, dass das Pferd daran gehindert ist, sich weiterhin auf die Vorhand zu schieben. Zugegeben, solche Korrekturmaßnahmen sehen zumeist nicht toll aus. Insbesondere bei Pferden mit zu wenig Schubkraft. Und weich bleiben bei einem Maul, das sich unter Umständen schon seit Jahren auf die Reiterhand stützt, weil das dazugehörige Pferd nie gelernt hat, sich in Gleichgewicht und Selbsthaltung fortzubewegen, hat 'was von der Quadratur des Kreises.

Spätestens jetzt wird dir klar, warum ich von Anfang an das junge, noch unverbildete Pferd als Ausbildungsbeispiel wählen musste. Und auf das kommen wir jetzt ebenso wieder zurück, wie auf das gerade unterbrochene Thema „Halshaltung": Behältst du also auf deinem Pferd deine treibende Sitzeinwirkung bei und regst somit einerseits das verstärkte Vortreten der Hinterbeine an, lässt aber andererseits mit weich aushaltender Hand die erzeugte Verstärkung des Ganges nicht zu, schneidest also den Hinterbeinen die Möglichkeit ab, durch

* Daran zu erkennen, dass der Reiter nie wirklich zum Treiben kommt, weil sein Pferd dauernd unter ihm eilt.

** Erinnere dich an den „Nullpunkt" der Gymnastizierungsskala auf Seite 16!

ihre verstärkte Aktion den Schwerpunkt wieder nach vorn in seine ursprüngliche Lage zu schieben, muss das nun nach hinten verlagerte Gleichgewicht irgendwie ausgeglichen werden. Und weil dein Pferd dazu keine Balance-Stange zwischen seine Hufe nehmen kann, benutzt es das, was ihm zum Balancehalten zur Verfügung steht: seinen Hals und seinen Kopf. ***Es hat keine andere Wahl, als beides vorwärts zu strecken – und dabei dehnt sich zwangsläufig seine Muskulatur!*** Von dieser Dehnung ist — weniger sichtbar, aber unterm Sattel umso spürbarer — natürlich auch der Rücken betroffen. Das Ganze berührt noch einmal den geschilderten natürlichen Ablauf aus dem Absatz „Schöne neue Reiterwelt" von Seite 36: ***Der vorwärts abwärts gedehnte Hals dient also keineswegs einer schöneren Optik,* sondern ist physikalischer Zwang – und für das Pferd keineswegs völlig schmerzfrei.*** Vielleicht bist du dir nicht darüber im Klaren, aber mit dieser Streckung erklärt sich dein Pferd jetzt bereit, mit dir die Ausbildungsstufe „Versammlung" zu betreten!

* Dass er dadurch schöner wird, ist eine freundliche Dreingabe der Natur. Wie übrigens eigenartigerweise so gut wie alles, was in der Reiterei richtig ist, auch gut aussieht.

Dieser Zusammenhang erklärt die elementare Bedeutung der „Losgelassenheit" — als Synonym für tätiges Miteinander des kompletten Muskelsystems des Pferdes. ***Und zwar von den Hanken bis zum Genick!***

Ganz nebenbei beleuchtet der geschilderte anatomische Sachverhalt auch den Sinn von Hilfszügeln im Allgemeinen und den des Schlaufzügels im Besonderen: Ein damit heruntergezogener Hals bewirkt ohne temporegulierte Schubkraft keine gleichgewichtsausgleichende Dehnung. Sondern (vor allem in der Hand derer, die nicht wissen, was sie tun) das Gegenteil: fortwährende Behinderung der Hankentätigkeit und Verkrampfung von Hals und Rücken. Was natürlich mit der Zeit das Gehen auf der Vorhand zementiert.

Die Verwendung eines Schlaufzügels kann bestenfalls eine Notmaßnahme sein, um als Reiter nicht selbst auf der Strecke zu bleiben: Überlegt gehandhabt soll er bei athletischen Pferden, die routiniert gelernt haben, ihren Kopf über die Reiterhand zu nehmen, nach oben begrenzend wirken.** Ein Könner greift zu dieser Korrekturmaßnahme aber nur, um über eine ***flache Halsstellung*** und ein ruhiges Arbeitstempo die Abspannung der Strecker und damit die Voraussetzung für die Längsbiegung anzuregen. Im gleichen Moment, in dem das bei seinem Nachhilfeschüler Wirkung zeigt, also Hanken und Rücken anfangen, der verlangten Biegung nachzugeben, wird er auf jede weitere Flaschenzugwirkung des Schlaufzügels verzichten,

** Chronisches Halshochrecken ist für den Reiter lästig und für das Pferd schädlich: Einerseits belastet es sich permanent selbst zu viel im Rücken, entzieht sich andererseits aber genau deshalb unter Umständen mit nachschleppender Hinterhand selbst der geringsten Anlehnung und Versammlung.

um im richtigen Arbeitstempo den sich aufwölbenden Rücken sowie das gleichgewichtsausgleichende Vorwärts-abwärts-Dehnen von Hals und Kopf (eben die beginnende Losgelassenheit) abzuwarten.* Denn ein Könner weiß: ***Erst in der Dehnungshaltung arbeiten alle Muskelgruppen miteinander: von Hinterhand über die komplette Wirbelreihe bis zum Genick.*** Und allein dieser Zustand verhindert bzw. korrigiert auch den gefürchteten „losen", von der Rücken- und Hinterhandmuskulatur abgekoppelten Hals, von dem du im nächsten Kapitel noch Erstaunliches erfahren wirst.

* Das beste Korrekturmittel ist aber nach wie vor – siehe Titel – die Verwendung des eigenen Kopfes.

Lies die letzten vier Seiten ruhig noch einmal. Und dann:

Mach' dir zur Gewohnheit, bei der Beurteilung eines gerittenen Pferdes von hinten nach vorne zu denken.

Sag also nie mehr „der Kopf und der Hals kommen hoch oder hinter die Senkrechte." Das wäre wirklich keine besonders intelligente Feststellung. Denn erstens kann das ohnehin jeder Laie sehen und zweitens ist das nur das Symptom für verborgenere Ursachen. Als jemand, der die Zusammenhänge begriffen hat, könntest du das Herausheben aus der Anlehnung etwa so kommentieren: „Die Schubkraft ist unterbrochen, das Pferd verhält sich." Oder: „Das Pferd trägt sich nicht (mehr), weil die Wendung zu eng war." Oder: „Es kommt aus dem Gleichgewicht, eilt auf der Vorhand davon und stützt sich dabei auf die Hand des Reiters." Denn das sind die wahren Gründe, warum ein Pferd bei der biegenden und versammelnden Arbeit seine Anlehnung aufgibt. Die Hintergründe dieser Gründe sehen wir uns noch an.

Nun aber weiter im Text: Beim Bestreben nach abwärts findet der untere Teil des Kopfes, das Maul, durch das Trensengebiss eine leichte Hemmung, während der obere und höchste Teil des Kopfes, das Genick, ungehemmt nach vorwärts abwärts sinken kann. Das ist der Beginn der so genannten *Beizäumung*. Das heißt, dein Pferd hat sich mit nachgiebigem Genick und als Folgeerscheinung des von dir kontrollierten Schubs und seinen jetzt vermehrt abschwingenden Hinterbeinen an den Zügel bzw. an deine passiv aushaltende Hand angelehnt, um damit freiwillig vermehrt Fühlung zum Trensengebiss zu nehmen. ***Du hast mit der Anlehnung die Voraussetzung für die Erreichbarkeit der nächsten drei Stufen der Ausbildungsskala geschafft: Schwungentwicklung, Geraderichten, Versammlung.***

Obendrein hast du eine Entdeckung gemacht, die den meisten deiner Reiterkollegen verborgen bleibt, weil sie den geschilderten Ablauf bei ihren Pferden nie erkannt, nie erzeugt und nie erlebt haben:

**Deine Hand sucht nicht das Pferdemaul,
sondern du wartest geduldig die Dehnungshaltung ab,
in der das Pferdemaul deine Hand sucht, um ihm dann,
– mit weich aushaltender Hand – Anlehnung zu gewähren!**

Geduld ist halt auch in der Reiterei eine wertvolle Tugend!

Geht nun das Pferd in Anlehnung mit dem Genick vor, drückt sich der Unterkiefer (mit den Ganaschen) leicht an den Hals, was die dazwischen liegenden Ohrspeicheldrüsen zur Speichelabsonderung reizt – dein Pferd kaut mit geschlossenem Maul. Alles das aber nur, wenn es sich mit einsetzender Losgelassenheit vertrauensvoll seinem natürlichen Vorwärtsdrang überlässt. Und das wiederum ermöglicht nur die Reiterhand, die nicht dauernd rückwärts wirkt oder riegelnd „sägt", um eine Beizäumung, also das „durch's Genick gehen", zu forcieren bzw. zu erzwingen.*

** Ein Reiter mit harter, sprich starrer oder ständig rückwärts wirkender Hand wird nie ein Pferd veranlassen können, sich loszulassen. Wobei die Tatsache, dass so manches Pferd trotz harter Reiterhand zu kauen scheint, weder eine harte Hand rechtfertigt, noch über den gewaltsamen Weg auf Losgelassenheit gehofft werden darf.*

Obwohl die Beizäumung ein Merkmal der Versammlung ist (und zwar in Verbindung mit der unter vermehrter Schwungentwicklung herbeigeführten Aufrichtung der Vorhand), ist sie kein Gegenstand besonderer Lektionen, auf die du mit der Hand einwirken könntest oder müsstest. Und wie hoch sich im Moment beginnender Beizäumung der Hals infolge deines Treibens in deine weich aushaltende Hand aufrichtet und wie weit sich dabei die Stirn deines Pferdes der Senkrechten nähert, hängt ab von seiner dressurmäßigen Veranlagung, von der angeborenen Form seiner Halswirbelsäule und vor allem natürlich von deiner weiteren korrekten Arbeit. Und die heißt ab jetzt biegen, biegen, biegen. Damit gerade wird, was schief ist.

Keine Sorge, das schaffst du easy, wenn du trotz aller unsichtbaren Ursachen die sichtbaren Auswirkungen im Auge behältst. Die zweifellos Wichtigste ist zu Beginn deiner gerade richtenden Bemühungen diese:

Sucht dein Pferd keine Anlehnung, fehlt ihm die Dehnungshaltung. Und die fehlt so lange, wie statt der Hanken nur die Sprunggelenke gebeugt werden!

Es ist ein Phänomen, wie selten die Dehnungshaltung (die ja die optische Bestätigung für Losgelassenheit ist) erreicht wird. Die einen Reiter nehmen sich – insbesondere bei Pferden, die zu den weniger rittigen gehören – nicht die Zeit, die nun mal dafür nötig ist. Die anderen wissen nichts von diesem Ausbildungsstadium und seiner elementaren Bedeutung für den weiteren Aufbau von Kraft und Geschmeidigkeit. Beide Fakultäten „versammeln" ihre Pferde unbewusst auf Teufel-komm-raus ohne Losgelassenheit und Anlehnung. Dabei erkennen sie nicht, dass sie eine Reitweise praktizieren, die das Gangwerk des Pferdes behindert und bei der sich nie die volle Kraft der Hinterhand entfalten wird.

Turnierreitern sei daher dick ins Stammbuch geschrieben: ***Fehlt die Dehnungshaltung bzw. die Losgelassenheit, kann die Hinterhand keine Tragkraft entwickeln.*** Und wie weit man in Prüfungen mit einem Pferd ohne Selbsthaltung kommt, muss jeder für sich herausfinden.

Dabei mag hier schon folgender Hinweis erhellend wirken: Je höher die Dressurklasse, desto mehr dienen die geforderten Lektionen der Überprüfung der Tragfähigkeit der Hanken und nicht mehr der Längsbiegung (die wird dann als erarbeitet vorausgesetzt). Eine Wahrheit, die sofort die nächste nach sich zieht: Lektionen sind kein Selbstzweck, sondern sollen den erreichten Gymnastizierungsgrad des Pferdes überprüfen. Was leider nicht allen Turnierreitern so klar ist. So höre ich auf meinen Lehrgängen nicht selten Reiter(innen) klagen, ihr Pferd lerne diese oder jene Lektion nicht. Eine bemerkenswerte Aussage. Zwar kann der Reiter die Einwirkung und Hilfengebung für bestimmte Lektionen lernen, für das Pferd aber ist das Absolvieren von Lektionen keine Angelegenheit des Geistes, sondern des Körpers. Mit anderenWorten: Ein Pferd, dass die Körperrichtung, also die Wirbelsäulenbiegung für eine korrekte, kreisrunde Volte nicht in Selbsthaltung schafft, wird auch beim 10. Voltenversuch nicht schlauer, sondern höchstens sauer. Kurz gesagt, die Fähigkeit zur Volte erarbeitet man mit biegenden Übungen eine Stufe darunter. Dieses Prinzip gilt übrigens bis zur höchsten Dressurklasse, also zum Beispiel auch für die Galopp-Pirouette.

Aller Anfang ist der: *Nachdem das Pferd an der Longe gelernt hat, sich zu strecken, ist dieses Arbeitsergebnis auch vom Sattel aus zu sichern. Denn die Dehnungshaltung ist Losgelassenheit im Anfangsstadium! Gut zu erkennen: Die korrekte Anlehnung an beide Zügel und die volle Streckmuskulatur, die unter dem Mähnenkamm einen zwar noch flachen, aber recht gleichmäßigen Kreisausschnitt bildet. Auf dieser Basis wird sich der Hals bei fortschreitender Versammlung und Dehnfähigkeit der Muskulatur der einzelnen Halswirbel bis zu einem nicht minder exakten Viertelkreis formen können, wobei der höchste Punkt des Pferdes idealerweise bei jedem Ausbildungsstand zwischen den Ohren liegen sollte. Dass sich „Ricarda" hier ohne Taktfehler bewegt, ist mit einem Foto natürlich nicht zu belegen. Wohl aber, dass die Reiterin die Schubkraft richtig dosiert. Das Pferd kommt leichtfüßig und zufrieden im Gleichgewicht daher. Zunächst noch mit geringer Entlastung der Vorhand, aber bei von Woche zu Woche vorsichtig gesteigerter Versammlung wird sich der Schwerpunkt in den kommenden Monaten weiter in Richtung Hinterhand verlagern.*

Der Einfluss des Arbeitstempos auf die Entwicklung von Schub- und Tragkraft *bzw. der gesamten gerade richtenden Arbeit wird noch detailliert in Kapitel 10 besprochen. Zusammengefasst sei hier vorweggenommen: Bei zu eiligen wie auch bei zu verhaltenen Tempi entfaltet ein Pferd sein Vorwärts primär aus gebeugten Sprunggelenken. Damit ist es der Chance beraubt, jemals die Kraft seiner gesamten Hinterhandmuskulatur zu entfalten. Das ist ungefähr so, als würden bei einem Automotor die Hälfte der Zylinder ohne Zündkerzen mitlaufen. Das Bild rechts erklärt den Zusammenhang von Lastübernahme (und sei sie zunächst auch noch so gering) auf alle drei Hinterhandgelenke und dem damit einhergehenden Gleichgewichtsausgleich durch Streckung der gesamten Wirbelreihe nach vorne. Andersherum ausgedrückt: Die Dehnungsphase bestätigt dem Reiter die beginnende Hankenbeugung bzw. – in Verbindung mit der Anlehnung – die beginnende Versammlungsbereitschaft.*

Die Losgelassenheit beginnt, wenn die Hankenbeugung beginnt: *Dabei dehnt sich die gesamte Streckmuskulatur – von Sprung-, Knie- und Hüftgelenk über die Lendenpartie und Wirbelsäule bis zum Genick. Der daraus resultierende gymnastische Effekt entsteht folgendermaßen: Bei einer in den Hanken gebeugten Hinterhand üben einerseits die Kruppen- und Gesäßmuskeln einen stärkeren Zug nach rückwärts abwärts auf die mit ihnen verbundenen Rückenmuskeln aus, andererseits findet infolge des zwangsläufigen Streckens von Hals und Kopf nach vorwärts aufwärts mittels des Nackenbandes ein Zug auf die Rückenmuskeln in entgegengesetzter Richtung statt. Diese erhöhte Spannung (die elastisch ist und deshalb nichts mit krampfhaftem Festhalten zu tun hat) wird durch Treiben in Anlehnung bzw. durch schwungvollen Gang erhalten. Und sie produziert eine hebelartige Wirkung des aufgerichteten Halses und Kopfes auf die Hinterhand, deren Kraft sich dann im weiteren Ausbildungsverlauf von einer vorwärts schiebenden in eine tragende umwandelt.*

7 Für alle, die den Hals nicht vollkriegen

Damit du das Geraderichten deines Pferdes nicht beim Schweif aufzäumst, widmen wir unsere Aufmerksamkeit noch einen Moment den beiden Körperpartien, die die beginnende Losgelassenheit optisch deutlich signalisieren: der sich dehnende Hals und der schwingende Rücken. Diese beiden zarten Zeichen erster Versammlungsfähigkeit und Biegebereitschaft sind in der frühen Phase des Anreitens immer wieder gefährdet, insbesondere in den Wendungen. Die Ursachen kannst du nur beseitigen, wenn du sie aufklärst. Dazu musst du Hals und Rücken entsprechend ihrer zentralen Bedeutung für den ganzen Ausbildungsverlauf eingehend betrachten.

Zum Hals zuerst.

Wie heikel der sich auf den ganzen Dressuraufbau auswirken kann, darüber sind sich die wenigsten Reiter im Klaren:

Anatomisch gesehen funktioniert der Hals als Hebel, mit dem du die Hinterhand beliebig belasten kannst. Und ob das positive oder negative Auswirkungen auf Ausbildungsverlauf und Gangwerk deines Pferdes hat, liegt ganz allein – und das kannst du wörtlich nehmen – in deinen Händen!

Bei der gerade richtenden Arbeit, die jetzt vor dir liegt, ist ein in horizontaler wie vertikaler Richtung biegsamer Hals ebenso wichtig, wie ein biegsamer Rücken. Logisch: Der Hals hängt ja über Wirbel und Muskeln mit Rücken und Hinterhand zusammen. Du bist also auf die Biegsamkeit der Halswirbelsäule für die so genannten Längsbiegungen, die Beizäumung und die Aufrichtung angewiesen. Um zumindest die theoretische Chance zu haben, auch wirklich bis zur obersten Stufe der Ausbildungsskala zu kommen, musst du die Weichen dahin schon ganz unten stellen.* Dazu gehört, dass du dir bereits zu Beginn deiner gymnastizierenden Arbeit neben manch anderen anatomischen Gegebenheiten auch darüber im Klaren bist, wie der Hals deines Pferdes beschaffen ist – und wie du als Ausbilder

** Und du musst echt eine Stufe nach der anderen erarbeiten; einen Erfolg versprechenden „Seiteneinstieg irgendwo dazwischen" oder eine Abkürzung gestattet die Ausbildungsskala an keinem Punkt.*

damit umzugehen hast. Denn Hals ist nicht gleich Hals, wie du gleich sehen wirst.

Grundsätzlich gilt: Eine von Natur aus schon gute Halsaufrichtung gleicht bei der Auswahl deines Pferdes manchen Mangel seines übrigen Gebäudes aus.

Du findest in der einschlägigen Literatur genug Bildbeispiele für günstig und weniger günstig gebaute Hälse, sodass ich mir hier die Einzeldarstellung erspare. Stattdessen beschränke ich mich auf folgende grundsätzliche Feststellung: Magere Hälse, bei denen der Kamm nicht mehr mit Fett aufgefüllt ist, geben auf den ersten Blick ebenso wenig einen sicheren Hinweis auf mangelhafte Eignung, wie der starke, gut gefüllte „Specknacken" von vorneherein eine günstige Halsform garantiert.

In erster Linie hängt die Halsform von der Richtung der Halswirbel ab: Je günstiger die oberen Wirbel durch eine regelmäßige und sanfte Biegung mit dem Hinterhauptbein des Kopfes verbunden sind, je mehr die mittleren Wirbel durch annähernd senkrechte Stellung die Aufrichtung erleichtern und je regelmäßiger die Biegung, mit der die unteren in die Rückenwirbel übergehen, desto günstiger wirkt sich die Halsform auf die gesamte Formbarkeit deines Pferdes aus.

Damit weißt du jetzt zumindest theoretisch, was einen idealen Pferdehals ausmacht. Wie die Halswirbel mit Kopf und Rumpf tatsächlich verbunden sind, merkst du als Reiter allerdings mit Sicherheit erst bei der Arbeit.

Die Halswirbel sind die beweglichsten Teile der gesamten Wirbelreihe. Was dir sofort einleuchtet, wenn du bedenkst, dass ein Pferd seinen Hals im natürlichen, also ungerittenen Zustand unablässig nach rechts und links und auf und ab bewegt. Wobei die übrige Muskulatur seines Körpers von dieser Bewegung ziemlich unberührt bleibt. Und das hat lästige Folgen: Diese in sich isolierte, lose Bewegung des Halses hat mit Losgelassenheit oder gar Biegsamkeit des gesamten Pferdes Null zu tun. Sie erschwert dir vielmehr bei der anstehenden gerade richtenden Arbeit das Leben enorm.

Zwar macht bei vielen Pferden zu Beginn der Grundausbildung die Verbindung von Hals und Rumpf einen durchaus zusammenhängenden, gefestigten Eindruck. Aber lass' dich nicht täuschen: Dieser Eindruck entsteht in aller Regel auf Grund eines gewissen Widerstandes, den Remonten anfangs immer mit ihrer gesamten Muskulatur der

Belastung durch den Reiter entgegensetzen. Das Vorgaukeln eines steten, mit der übrigen Körpermuskulatur zusammenarbeitenden Halses resultiert in Wahrheit aber nur aus dem alten Grundübel „Festgehaltenheit“. Die versteift eben auch die gewaltige Halsmuskulatur.

Einerseits sind zwar nicht alle jungen (oder verrittenen) Pferde von derselben losen Beweglichkeit des Halses betroffen – das eine mehr, das andere weniger – andererseits aber kommen lose Hälse in jeder Form vor. Der Grund ist entweder ihre unverhältnismäßige Länge oder eine schlaffe Muskulatur. Paradox erscheint dabei das:

Lose Hälse behindern einerseits die Entwicklung von Tragkraft und Anlehnung. Andererseits können lose Hälse aber nur durch Tragkraft und Anlehnung unschädlich gemacht werden.

Damit sich also dein Pferd nicht dauernd über seinen losen Hals der Anlehnung entzieht, bist du gezwungen, diesen Teufelskreis zu durchbrechen. Dazu musst du einem solchen Hals zunächst sein „Eigenleben“ nehmen. Das heißt: Wurde oder wird der „gymnastische Integrationsprozess“ des Halses zu Rücken und Hinterhand in der Grundausbildung deines Pferdes vernachlässigt, führt kein Weg am Nacharbeiten vorbei: Du musst ihn an die Dynamik und gymnastische Entwicklung der übrigen Muskulatur ankoppeln. Mit anderen Worten: Du musst den Hals durch lange Übungen in fleißigen Gangarten kräftigen, wenn nötig umformen und stetig machen. Das gelingt nur in der Dehnungshaltung! Erst wenn die Streckmuskeln von Hinterhand, Rücken und Hals zusammenarbeiten, ist das nicht nur der Einstieg in die Ausbildungsstufen Anlehnung und Geraderichten, sondern du kannst auch erst dann bei deinem Pferd nach und nach über den Weg immer stärkerer Versammlung reiterlich korrekt auf die Hankenbeugung und damit letztlich auf die Aufrichtung der Vorhand einwirken. Einigermaßen verbindlich lässt sich sagen, dass ein Hals dann günstig für die Dressurarbeit ist, wenn seine Muskulatur oben unter dem Mähnenkamm ziemlich stark und an der Unterseite wenig ausgeprägt ist, sodass beim Versammeln des Pferdes unter korrekter Beizäumung die Halsoberlinie den schon zitierten flachen Kreisausschnitt bildet, die untere Linie dagegen konkav oder höchstens gerade, auf keinen Fall aber konvex verläuft.

Du wirst im Ausbildungsverlauf noch erkennen: ***Die Aufrichtung der Vorhand wird nicht von der Reiterhand erzeugt, sondern von der Hinterhand des Pferdes.***

Die gewünschte Halsform lässt das richtig gearbeitete Pferd auch dann erkennen, wenn es sich ohne Reiter bewegt. Und zwar nicht allein an der aufgerichteten, kreisförmigen Rundung, sondern vor allem an der Breite und Stärke des Halses in Schulterhöhe. Von dort aus verjüngt er sich dann gleichmäßig in Richtung Genick. Nach dem physikalischen Grundsatz „Je breiter die Basis eines Körpers, desto fester steht er", gewinnt auch der Hals an Stetigkeit, je voller er zu den Schultern hin wird. Bringt dein Pferd eine solch volle Halsform von Natur aus mit, erfüllt es eine der wichtigsten Vorbedingungen des geborenen Reitpferdes.

Nochmal: Du benötigst die Biegsamkeit des Halses bei den kommenden Längsbiegungen, beim Beizäumen und beim Aufrichten. Und wenn du willst, kannst du hier schon vormerken, dass die Längsbiegungen zwar das (ausschließliche) Mittel sind, um mit deinem Pferd später geschmeidig und im Takt solch enge Wendungen wie zum Beispiel Zirkel und Volten zu reiten. Aber: De facto sind Längsbiegungen nur Übergangsübungen, um die im weiteren Dressuraufbau anstehenden Ausbildungsziele Beizäumung, Geraderichten und Aufrichtung zu erreichen. Im Klartext heißt das: Stehen Längsbiegungen auch unerlässlich am Anfang der Hals- und Rückengymnastizierung, haben sie später, bei erreichter richtiger Beizäumung (und Aufrichtung) ihren Zweck erfüllt. Ab dann spielen sie nur noch eine eingeschränkte und fast unsichtbare Rolle.

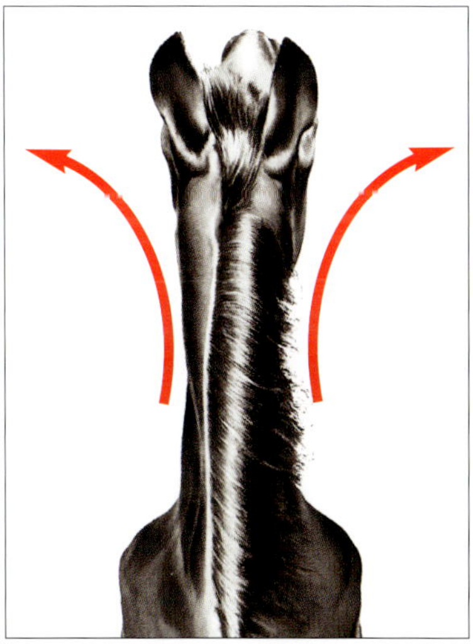

Die Muskulatur der Halswirbelsäule muss in horizontaler ...

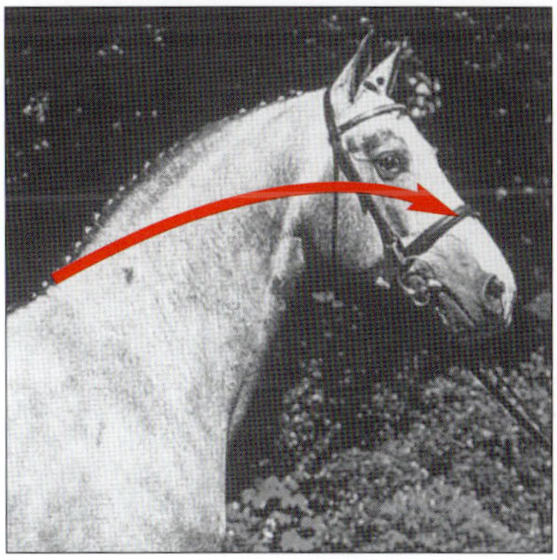

... und in vertikaler Richtung biegsam gemacht werden.

Bei der Beschreibung des bisherigen Ausbildungverlaufs bin ich zwar von der Remonte ausgegangen. Aber möglicherweise hast du ja mit einem erwachsenen Pferd zu tun, bei dem der Hals nicht schon von Anfang an durch eine korrekte vertikale und horizontale Gymnastizierung geschmeidig gemacht wurde. Darum hier noch kurz ein paar Tipps für die Halsgymnastizierung: Du beginnst die halsbiegenden Übungen immer in Vorwärts-abwärts-Haltung von Hals und Kopf deines Pferdes, da sich in dieser Position die Streckmuskeln abspannen und nachgiebiger werden. Übrigens bewältigt dein Pferd die Übungen besser in ruhigen Gangarten und bei sehr festgehaltener Muskulatur ausnahmsweise im Stillstehen. Und zwar, indem du ihm beibringst, auf die stärkere Wirkung eines Zügels hin Kopf und Hals nach dieser Seite herumzubiegen. Je williger es dieser Einwirkung folgt, und je leichter ihm das Verlangte fällt, desto stärker kann dann als Nächstes in der Bewegung der äußere Zügel in Verbindung mit der stärker angeregten Schubkraft der Hinterbeine die Halsbiegung allmählich einschränken. Voraussetzung dafür ist natürlich, dass die Fähigkeit des Pferdes zur Selbsthaltung wächst, also Last auf die Hanken zu übernehmen. Bekanntermaßen senkt sich dabei die Hinterhand einerseits, andererseits richtet sich die Vorhand mitsamt Hals auf. Und wie gesagt: Im gleichen Maß, wie die Stellung des Halses im Laufe der Zeit höher wird, vermindert sich seine Längsbiegung. Mit anderen Worten: Auch beim fortgeschrittenen Dressurpferd richtet sich die Längsbiegung des Halses nach dem Grad der jeweils erzielbaren bzw. erzielten Aufrichtung: Je höher die Aufrichtung, desto geringer die Längsbiegung des Halses. Bei höchster Aufrichtung ist die seitliche Biegung des Halses gar nicht mehr erkennbar, sondern entsteht dann nur noch durch die reine Ganaschenbiegung.

Der sich aufrichtende Hals schließt natürlich die Halswirbel mit ein. Dadurch kommt es einerseits über den Verbund mit der Wirbelsäule zu der eingangs erwähnten Hebelwirkung auf die Lendenwirbel, andererseits wirkt sich sein beträchtliches Gewicht auf den natürlichen Schwerpunkt des Pferdes und damit wiederum auf seine Gleichgewichtssituation aus.

Mit beginnender Versammlung spielt dir die gesamte anatomische Gegebenheit eines korrekt aufgerichteten Halses nicht nur besagten Hebel in die Hände, mit dem du das Maß der Hinterhandbelastung steuern kannst, sondern sie sichert dir auch eine stets gleichmäßige Anlehnung. Und wie intensiv die ist, bestimmt wiederum der jeweils erreichte Grad von Wirbelsäulen- bzw. Hankenbiegung.*

Da die Längsbiegung zwangsläufig mit entsprechender Biegung von Wirbelsäule und Hinterbeinen einhergeht, wirkt sie nicht nur mäßigend auf die Schubkraft ein (was es dem Pferd leichter macht, im Gleichgewicht zu bleiben), sondern auch einer zu starken Anlehnung entgegen.

Last but not least bestimmt die Halsaufrichtung auch die Aktion der Vorderbeine bzw. den Raumgriff. Denn je höher die Aufrichtung des Halses, desto höher auch die Anheftungspunkte der gemeinschaftlichen Hals- und Schultermuskeln. Je höher wiederum diese Muskeln gerichtet sind, desto mehr heben sie die Vorhand. Diese so genannte „schulterfreie Bewegung“ des Pferdes ist aber abhängig von einer kontinuierlich und ehrlich erarbeiteten Aufrichtung der Vorhand. Nur die allein schafft echte Schulterfreiheit! Widersteh’ der Versuchung, dich hier selbst zu betrügen:

Die Aufrichtung der Vorhand ist nur dann ehrlich erarbeitet, wenn dein Pferd dabei „durchs Genick“ tritt und wenn sie auf einer gesicherten Tragkraft der Hinterhand beruht!

Und genau hier liegen Segen und Fluch eng bei einander: Anstatt dem jungen Pferd zunächst nur so viel vertikale Halsbiegung und Beizäumung abzuverlangen, wie sie

1. ***seiner angeborenen Halsform entspricht,***
2. ***die Schubkraft der Hinterhand nicht beeinträchtigt oder sogar blockiert,***
3. ***die gesamte Wirbelbrücke zwischen Kopf und Hinterfüßen beugt und***
4. ***dadurch auch erst einen echten Verbund von Hand- und Schenkelwirkung so wie weichem Sitzen ermöglicht,***

sind die meisten Reiter von Anfang an – ähnlich wie die Trabrennfahrer – bemüht, durch größtmögliche Aufrichtung das Gewicht der Vorhand in die Höhe und nach rückwärts zu hebeln. Ohne gymnastizierende Vorbereitung können die Hinterbeine diese Last aber nicht aufnehmen. Vielmehr werden sie in ihrer Kraftentfaltung gehemmt (siehe oben Punkt 2). Als Folge davon geht der natürliche Gang kaputt und der Reiter trägt unter Umständen Kopf und Hals des Pferdes mit seinen Armen. Außer den „Zentnern“, die er dann in Händen hält, hat er noch mit der Gegenwehr seines Tieres zu kämpfen, das die aufgezwungene Aufrichtung seiner gesamten Vorhand biegungsmäßig weder im Rücken noch in den Hanken verkraften kann. Kein Wunder, wenn dann so ein misshandeltes Pferd anfängt, sich zu wehren und in seinem Bewegungsablauf zu klemmen, wie 'ne alte Tür.

Die großen Fehler bei der „Bearbeitung“ des Halses passieren, weil kaum ein Reiter realisiert, dass der Hals seine richtige Form und stete Stellung erst allmählich und stufenweise analog zum Kräftezuwachs bzw. der Beugefähigkeit der Hanken gewinnt. Wenn du also eine „gebundene“ Vorhand nicht in den Hinterbeinen beseitigst und die Streckmuskeln nicht bei richtig kontrollierter Schubkraft dehnst, wirst du auch keine vollkommene Biegsamkeit und Elastizität des Halses erreichen. Die Folgen sind nicht zu übersehen: Du belässt deinem Pferd den „losen“ Hals und damit die Möglichkeit, von einer Übertreibung zur anderen überzugehen. Was nichts anderes heißt, als dass es sich bei der Arbeit entweder durch zu leichte oder zu feste

Raumgriff um jeden Preis: *Hier wird er herbeigeführt durch optimale Ausprägung der Schubkraft und erzwungener Aufrichtung der Vorhand, aber unter totaler Vernachlässigung der Entwicklung der Tragkraft. Ein zwar sehr beeindruckendes Beispiel von Schulterfreiheit, aber für die Ausbildung eines Dressur- oder Springpferdes kein nachahmenswertes Vorbild: Was bei Trabern und Galoppern nicht gebraucht wird, ist für Reitpferde Pflicht. Denn bei ihnen führt Aufrichtung ohne Beizäumung und Versammlungsfähigkeit auf Dauer zu nichts. Oder doch: zum Verlust des Ganges und zu eventueller Kreuzlahmheit durch Beschädigungen im Bereich des 3. bis 5. Lendenwirbels.**

** Interessanterweise treten bei Pferden und bei Menschen Rückenprobleme an genau den gleichen Lendenwirbeln auf.*

Anlehnung dem vollkommenen Gehorsam entzieht. Das sind dann die Pferde, die in der Bahn, in verkürzten Gangarten vorgeführt, zunächst (fast) perfekt in Hals- und Kopfstellung erscheinen. Werden sie aber auf langen Linien zu Gangverstärkungen aufgefordert, geraten sie völlig „aus dem Tritt“. Und zwar deshalb, weil sie den Gang lediglich aus schiebender und nicht aus tragender Hinterhand verstärken können. Der Grund liegt auf der Hand: Die zwar geweckte, aber nicht in Takt und Gleichgewicht beherrschte Schubkraft verhindert Losgelassenheit und alle darauf aufbauenden Stufen der Ausbildungsskala; das Pferd bleibt ewig auf der Vorhand.**

*** Wenn du dieser Situation auf Seite 84 wiederbegegnest, begegnest du dir da hoffentlich nicht auch selbst wieder.*

Bevor ich's vergesse: Bei korrekter Ausbildung sind Hals und Kopf das Hauptgewicht, durch das du die Gewichtsverteilung deines Pferdes überhaupt regelst. Wie schon gesagt, kannst du mit beiden per Versammlung die Hinterhand belasten und beugen. Aber nicht nur das. Auch Schnelligkeit und Raumgriff der Bewegung kannst du damit beeinflussen. Zum Beispiel indem eine vorgestreckte Haltung deines Pferdes, die so genante „Rahmenerweiterung“, das Gewicht nach vorne verschiebt.* In keinem Versammlungsgrad aber darf die Verbindung der einzelnen Halswirbel unterbrochen werden, denn nur unter dieser Voraussetzung kann deine Hand die Zügeleinwirkung in sicher kontrollierbarer Dosierung den Rückenwirbeln übermitteln.

* Das funktioniert selbstverständlich nur bei einem Pferd, dass sich in Selbsthaltung bewegt. Und ebenso selbstverständlich musst du auch dabei darauf achten, dass du es nicht durch zu viel „Gasgeben“ aus dem Gleichgewicht bzw. wieder auf die Vorhand bringst.

Dass sich die richtige Aufrichtung des Halses biegend auf Rücken und Kruppe auswirkt, erkennst du auch daran, dass der Schweif schon bei der Remonte dem Grad von Aufrichtung und Biegung entsprechend mitgehoben wird, und zwar, weil die hebenden Schweifmuskeln als Fortsetzung der Rückenmuskeln bei der Rückenbeugung zu größerer Tätigkeit angeregt und dadurch allmählich mitgekräftigt werden.

Ein anderes Zeichen richtig erarbeiteter Halsaufrichtung ist die Bildung feiner Hautfalten, die – einem Kamerabalgen ähnlich – vom Mähnenkamm abwärts parallel in bestimmten Abständen über den Hals laufen. Sie entstehen durch die zunehmende vertikale Wölbung des Halses auf Grund der allmählich gesteigerten Biegefähigkeit der einzelnen Halswirbelgelenke. Nebenbei: Die sieben Halswirbel in ihren Gelenken in horizontaler wie in vertikaler Richtung den jeweiligen reiterlichen Anforderungen entsprechend biegsam zu machen und sie dennoch geschlossen zu halten, damit sie nicht mit falschem Knick aus der Reihe tanzen, ist keine leichte Aufgabe. Du solltest in Sachen Anlehnung und Versammlung schon über eine gewisse Portion Erfahrung und Gefühl hinsichtlich der jeweils geforderten Intensität deiner zusammenwirkenden Hand-, Schenkel- und Sitzhilfen verfügen, um den Bogen nicht zu überspannen.

Senkrechte Halsfalten

Tröstlich dabei: Es gibt einen sicheren Anhaltspunkt für die Richtigkeit deiner „Halsarbeit“: die weich federnde Anlehnung an den Zügel. Fühlst du in der Längsbiegung beide Zügel in gleichmäßiger Anspannung, so hat dein Pferd

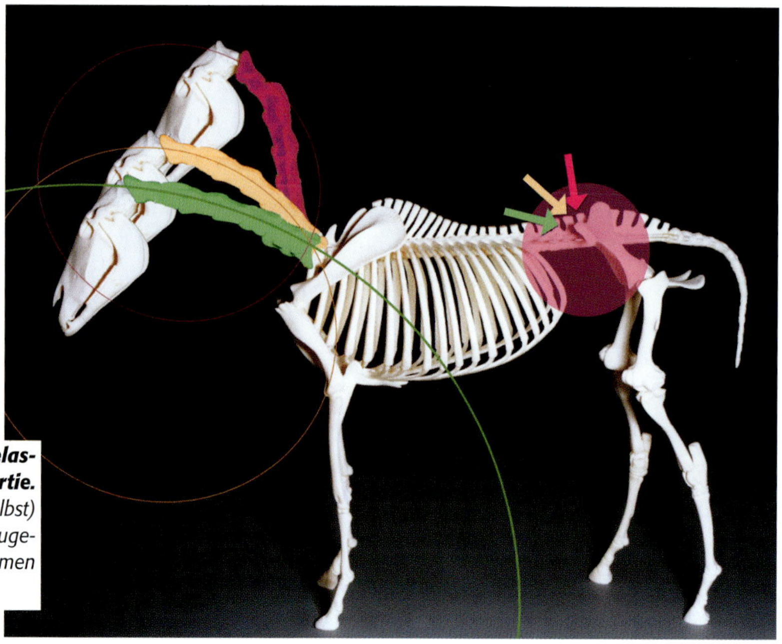

Je höher die Aufrichtung der Vorhand, desto belastender die Hebelwirkung auf die Lendenpartie. *Wehe, wenn die Reiterhand (oder auch das Pferd selbst) den Hals auf Dauer höher stellt, als die jeweilige Beugefähigkeit der Hanken die Last der Vorhand aufnehmen kannn!*

der Verkürzung des inneren Zügels durch Biegung korrekt entsprochen; jetzt kann sich ein Anzug beider Zügel durchlässig bis in die Hinterbeine fortsetzen. Wird darüber hinaus bei beiden Zügeln die gleichmäßige, gummizugartige Wirkung der Anlehnung in aufgerichteter Halsstellung leichter, der federnde Zug in deinen Händen in tiefer und gestreckter Haltung dagegen spürbarer, so ist das der Beweis, dass du den Hals nicht nur richtig gerade und im Kontext der Streckmuskulatur des übrigen Pferdekörpers gearbeitet hast, sondern auch, dass der Grad der Aufrichtung die Beugefähigkeit der Hinterhandgelenke nicht überfordert. Fazit:

Du erreichst die gleichmäßige Wölbung des Halses (also die sichere Verbindung der einzelnen Halswirbel miteinander und ihre korrekte Richtung zueinander) nur durch die uneingeschränkte Schubkraft,* aber seine biegsame Rundung nur durch die Tragkraft.

** Nochmal zum gemeinsamen Verständnis: Die rohe Schubkraft erfährt insofern schon eine gewisse Eindämmung, als sie sich nicht so ungebremst entfalten darf, dass das Pferd unter dir aus dem Gleichgewicht, ins Eilen und im Weiteren nicht mehr von der Vorhand weg kommt. Wenn du die Schubkraft mit Hand, Kreuz und Schenkel so unter Kontrolle behältst, dass sich dein Pferd unter dir stets in Takt, Losgelassenheit und Anlehnung bewegt, kannst du von „ausgebildeter Schubkraft" sprechen.*

Präg' dir die beiden wesentlichen Gebote dieses Kapitels fest ein:

- *Du sollst die deinem Pferd angeborene Hals- und Rückenform beurteilen, damit du bei deiner gymnastizierenden Arbeit nicht Gefahr läufst, eventuelle gebäudebedingte Einschränkungen zu vergewaltigen.*

- *Ehe du die Hinterhand nicht durch entsprechende Gymnastizierung genügend gesenkt hast, kann dir weder die Oberhalslinie entgegenkommen noch kann das Genick der höchste Punkt sein. Erst dann kannst du mit dem Gewicht der Vorhand allmählich die Hinterhand vermehrt belasten. Und nur mit einer Belastung, die dein Pferd im wahren Wortsinn „verkraftet", verfügst du über ein zuverlässiges Mittel, zur Beherrschung und Ausbildung der „rohen" Schubkraft hin zur Tragkraft.*

Vermutlich machst du irgendwann die Erfahrung, dass dein Pferd mit beginnender Anlehnung mehr oder weniger hartnäckig bemüht ist, sich deiner versammelnden Einwirkung durch Ausweichen mit Kopf, Hals und Rücken zu entziehen.* Dabei macht es sich nicht nur im Hals fest, sondern auch im Genick (vielleicht daher der Begriff „Hartnäckigkeit"?). Im Bemühen, deinen Übungen entgegenzuwirken, nimmt es dann mit Hals und Kopf ganz außergewöhnliche Stellungen an: Je nach „Bauart" bohrt es beides entweder herunter bzw. streckt beides ruckartig abwärts,** oder es hebt seinen Kopf über deine Hand, um deinen Paraden zu entgehen. In jedem Fall bist du gezwungen, dein Pferd durch vorwärts treibende Hilfen und anhaltende Übungen in entgegensetzte Richtung geduldig aber beharrlich zum Nachgeben zu veranlassen und in die normale Stellung zu bringen. Und denk daran: Bei einem Pferd mit weichem Rücken und schwacher Hinterhand ist wieder der Remontesitz angesagt; die verminderte Rückenbelastung veranlasst es zu schnellerem Nachgeben.

Im Allgemeinen ist es schwieriger, den Hals abwärts statt aufwärts zu richten! Dennoch darfst du dieser Mühe nicht aus dem Weg gehen, weil du bei ungünstiger Halsform auch die Hergabe des Genicks nur in tiefer Stellung erreichst. Und das biegsame, also durchlässige Genick setzt Beizäumung voraus und ist unerlässlich, wenn dein Pferd im fortgeschrittenen Dressurstadium für die Hebelwirkung der Kandare richtig vorbereitet sein soll.

Je vollkommener die Genickbiegung von Natur aus oder durch richtige Dressurarbeit ist, um so leichter und vollkommener können auch die Hinterhandgelenke gebeugt und gekräftigt werden, weil du dann bei deinem in Anlehnung gehenden Pferd die gesamte Gewichtsmasse, gegen die die Hinterbeine antreten müssen, umso sicherer aushalten, sprich versammeln kannst.

* Dank ihrer zumeist angeborenen Elastizität können insbesondere hoch im Blut stehende Pferde bei biegenden Lektionen ein unglaubliches Geschick darin entwickeln, sich unterm Sattel wie ein Aal blitzschnell aus der Sitzeinwirkung herauszuwinden, sodass bei biegenden Übungen permanente Sitzkontrollen bzw. Sitzkorrekturen nötig sind.

** was ganz und gar nichts mit einem durch Losgelassenheit erzeugten Vorwärts-abwärts im Gleichgewicht zu tun hat, sondern es versucht dabei in aller Regel nur den Halsschmerzen auszuweichen, die bei biegenden Übungen in Losgelassenheit und Anlehnung durch permanentes Dehnen der Streckmuskulatur entstehen.

Auch hier zeigt sich wieder eine anatomische Wechselwirkung: Das biegsame, durchlässige Genick erreichst du nur, wenn der von einer tragenden Hinterhand erzeugte Schwung tatsächlich durch den ganzen Pferdekörper hindurchflutet. Beides, Hergabe des Genicks und das Beugen der Hanken geht also Hand in Hand: Die richtig arbeitende Hinterhand erzeugt die Durchlässigkeit des Genicks, und das durchlässige Genick ermöglicht dann wiederum weiteres Versammeln zwecks vermehrter Beugung der Hinterhandgelenke.

Am schnellsten und nachhaltigsten tritt der Erfolg ein, wenn du dein Pferd durch Wendungen (die derzeit wahrscheinlich noch auf der Vorhand ablaufen) dazu bringst, sich am Gebiss abzustoßen.* Am besten auf dem Zirkel zunächst im Arbeitstrab, möglichst bald aber in verkürztem Tempo. In diese Nachgiebigkeit musst du als Nächstes Beständigkeit bringen. Und natürlich die Bereitschaft deines Pferdes, sich biegen zu lassen. Oft veranlasst es schon eine geringe Kopfstellung nach einer Seite (mit Unterstützung deines gleichseitigen Schenkels) zur willigen Hergabe seines Genicks. Im Übrigen erreichst du auch durch das Reiten von Übergängen, dass sich dein Pferd vom Gebiss abstößt.

* Da man nicht davon ausgehen kann, dass ein Pferd beim bisher beschriebenen Ausbildungsstand schon in der Lage ist, in gesicherter Anlehnung und mit tragender Hinterhand in einem veränderten Gleichgewicht zu gehen, sind Wendungen, bei denen schwerpunktmäßig das Gewicht noch auf der Vorhand liegt, derzeit noch mehr oder weniger die Regel. Durch das Wesen der Wendungen winden wir uns in Kapitel 12. Dort erfährst du unter anderem auch, ab wann dein Pferd reif für die Arbeit auf dem Zirkel ist.

Wenn du dir daraufhin die Reiterkollegen deiner näheren Umgebung ein wenig kritischer ansiehst, wirst du plötzlich erkennen, wie viele „Blitzdresseure" versuchen, die Beizäumung durch Herunterziehen statt Herunterarbeiten des Kopfes zu erzwingen. Weil sie nicht wissen, dass eine richtige Beizäumung ohne vorher gesicherte Anlehnung undenkbar ist, ist das Ergebnis ihrer Bemühungen lediglich ein Scheinerfolg, der das Pferd nie weg von der Vorhand, wohl aber – als unabwendbare Folge – nach einer gewissen Zeit um seinen natürlichen Gang bringt.

Also, sei dir im Klaren darüber, dass auch die korrekte Genickbiegung unerlässlich ist, um auf der Ausbildungsskala die Stufe „Geraderichten" zu erreichen. Und auch die Biegsamkeit des Genicks stellt sich halt nur dann ein, wenn du die Ausbildungsskala als Gesetz akzeptierst!

Wie im vorigen Kapitel schon gesagt: Ursachen und Wirkungen – du siehst, was für ein perfektes, intelligentes Verbundsystem die Ausbildungsskala ist.

Lass' mich dieses kompakte Kapitel mit nachfolgendem Apell abschließen. Ich denke, ich muss nicht besonders betonen, dass du ihn sehr ernst nehmen solltest:

Der Hebel, den Hals und Kopf bilden, birgt die Gefahr in sich, dass du auf Rücken und Hinterhand zu stark senkend einwirkst!!! Deshalb solltest du in dieser frühen Ausbildungsphase äußerst zurückhaltend damit umgehen. Das heißt, außer kurzen, temporegulierenden halben Paraden zur Kontrolle der Schubkraft bzw. zur Wiederherstellung der Anlehnung, darfst du während der nächsten Monate nicht mit der Hand in dein Pferd hineinwirken! Denn Hals und Kopf haben mit der Fortbewegung des Pferdes wenig zu tun. Sie folgen wie das Bugsprit beim Schiff der Bewegung des Rumpfes und nicht umgekehrt!

***Die optische Signalwirkung für Ausbildungsqualität**, die von der Vorhand eines in Selbsthaltung gerittenen Pferdes ausgeht, ist eine Großaufnahme wert: Als Folge der Lastverteilung auf die Hanken und der damit einhergehenden Schwerpunktveränderung dehnt sich der Hals zum Gleichgewichtausgleich nach vorne. Und zwar aus den Schultern heraus! Wird dieser Zustand solide „erritten", sucht das Pferd nicht nur kurz über lang Anlehnung an die aushaltende Reiterhand, sondern analog zur fortschreitenden Versammlungsfähigkeit wird auch die Halsmuskulatur zu den Schultern hin sichtbar voller! Was beweist, dass sich der Hals weniger durch die Reiterhand formen sollte, als vielmehr im Kontext zur gymnastizierten Streck- und Beugemuskulatur von Hinterhand und Mittelstück.*

Nur bei einer Versammlung, die auf Dauer nicht die Tragkraft der Hinterbeine überfordert, wird sich die Muskulatur der Halswirbelgelenke von anfänglich einem leichten Kreisausschnitt bei der Remonte bis hin zu einem gut erkennbaren Viertelkreis beim weit fortgeschrittenen Reitpferd formen. Wie hoch bzw. erhaben das Pferd seinen Hals letztlich tragen kann, wird dabei weniger vom Wunschdenken des Reiters bestimmt, als vielmehr von zwei Kriterien, die man besser nicht verbiegt: Erstens von der individuellen Form der Halswirbel des auszubildenden Pferdes und zweitens von der erreichten Wölbung des gesamten Rückgrats sowie der Beugefähigkeit der Hanken.

Über eine derart perfekte Viertelkreisrundung wie die hier gezeigte, verfügt selbst ein Pferd mit ideal geformter Halsung nicht von vorneherein. Dafür ist eine Dehnfähigkeit der Halswirbelmuskulatur erforderlich, die sich erst im Laufe von Jahren ehrlicher versammelnder Arbeit einstellt. Sie ist keineswegs nur dem gut gerittenen Dressurpferd vorbehalten. Das gleiche beeindruckende Bild (siehe links) könnten theoretisch gerade gerichtete Springpferde ebenfalls zeigen, sofern bei ihnen eine ähnlich hohe Versammlungsfähigkeit erarbeitet wurde. Allerdings verzichten selbst die Könner unter den Springreitern die meiste Zeit auf einen solchen Versammlungsgrad, weil ihnen – zu Recht – Raumgriff wichtiger ist, als Erhabenheit der Gänge.

Der große Bluff: *Obwohl die Nase des Pferdes vor der Senkrechten und zwischen den Ohren der höchste Punkt ist, argwöhnt ein geschultes Auge sofort, dass ich mit meinem (vierjährigen) „DUKE" eine Show abziehe. Zu Recht: Ohne die Dehnungshaltung bzw. die Losgelassenheit erarbeitet zu haben, hole ich die Vorhand des Pferdes mit meinen Händen hoch. Bei einer derart erzwungenen „Aufrichtung" bewegt sich das Pferd nicht mehr mit der versammelten Kraft seiner drei Hinterhandgelenke vorwärts, sondern primär aus seinen Sprunggelenken heraus und damit natürlich mit stark eingeschränkter Kraftentfaltung.* Ich wage die pauschale Behauptung, dass weder ein vierjähriges Pferd die hier gezeigte Aufrichtung seiner Vorhand schon mit seinen Hanken verkraftet, noch ein erwachsenes, bei dem eine entsprechende kontinuierlich versammelnde Arbeit versäumt wurde. Würde ich das Pferd in dieser Form fortgesetzt weiterreiten, womöglich noch unter kräftiger Zuhilfenahme von Sporen und Gerte, würde ich unweigerlich früher oder später die naturgegebene Schubkraft des Pferdes ruinieren. Ohne Schubkraft aber fehlt die Kraft, die Anlehnung schafft!*** **Der Circulus vitiosus des Schubkraft- bzw. Gangverlusts im Einzelnen**: Der Versuch, mit harter Hand Beizäumung ohne entsprechende Gymnastizierung der Halsmuskulatur zu erzwingen, ist für das Pferd schmerzhaft. Deshalb versucht es permanent, dem Biegedruck mit Kopf und Hals nach aufwärts auszuweichen. Dabei drückt das ganze Gewicht der Vorhand den Rücken nach unten durch, was wiederum das freie Vortreten der Hinterbeine behindert. Aber ohne Beteiligung der Hankenmuskulatur kann keine Streckung der gesamten Wirbelreihe stattfinden. Folglich entwickeln die Muskeln der Halswirbel auch nicht die Dehnung, die für ihre gleichmäßige Rundung, für eine federnde Anlehnung und für die Versammlung unerlässlich ist. Da sich der hochgereckte Hals bestenfalls in seinen oberen drei Wirbeln biegt, folgt der Mähnenkamm nicht der Form eines Kreisausschnitts, sondern eher der eines Hockeyschlägers. Das verhindert auch bei allen weiteren Ausbildungsbemühungen eine Streckung der Halsmuskulatur aus der Schulter heraus. Das heißt, unter dem Mähnenkamm und in Schulterhöhe wird die Muskulatur nicht voller, sondern es bildet sich mit der Zeit – in Verbindung mit einem ausgeprägten Unterhals – vor dem Widerrist eine Hohlkehle – siehe kleines Bild rechts. Unglücklicherweise werden auf Reitpferdeauktionen immer wieder junge, gerade angerittene Pferde im forschen Vorwärts und falscher Aufrichtung präsentiert, um überragendes Naturtalent zu suggerieren; das gehört wohl zum Verkaufskonzept. Schon möglich, dass die Tiere das bis zum Tag der Auktion unbeschadet überstehen. Wird aber die teure Neuerwerbung von seinem neuen Besitzer für den Rest seiner Tage in der „vorbildlichen" Weise seines Auktionsauftritts weitergeritten, stellen sich unweigerlich nicht nur die hier genannten, sondern auch all die Folgeprobleme ein, wie du sie auf Seite 76/77 kennen lernst.

* Dass ein so gerittenes Pferd selten weich und tief sitzen lässt, nehmen Reiter, denen es nicht schnell genug gehen kann, als Warnsignal oft nicht wahr.

** Es gibt beim Korrekturberitt wohl kaum etwas Mühsameres, als ein Pferd von der Vorhand weg und in Selbsthaltung bringen, dessen Schubkraft gelitten hat, oder zerstört wurde.

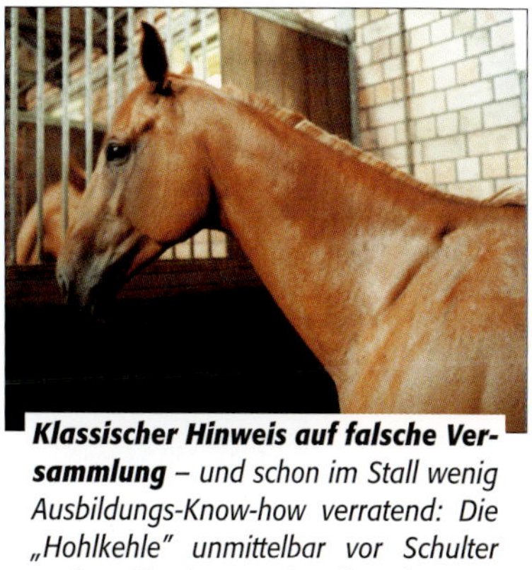

Klassischer Hinweis auf falsche Versammlung – und schon im Stall wenig Ausbildungs-Know-how verratend: Die „Hohlkehle" unmittelbar vor Schulter und Widerrist sowie das konvexe „Unterhals-Dreieck", geformt durch den andauernd weggedrückten, festgehaltenen Rücken, der eine Dehnung der Muskulatur über die gesamte Wirbelreihe bis zum Genick blockiert.

8 Das Glück dieser Erde liegt im Rücken der Pferde

Du weißt unterdessen nicht nur, dass sich Muskulatur ausschließlich im Zustand der Losgelassenheit gymnastizieren lässt, sondern auch, dass du bei deinem Pferd Losgelassenheit nur auf Basis seiner Freiwilligkeit hinkriegst. Deswegen musst du dir darüber Gewissheit verschaffen, ob da etwas sein könnte, was einem freiwilligen Loslassen entgegen steht. Denn selbst wenn du alles richtig machst, mag es physische Gründe dafür geben, dass sich dein Pferd festhält bzw. sich mit der Losgelassenheit schwer tut. In anderen Worten: Wie beim Hals ist auch beim Rücken eine individuelle Betrachtung unumgänglich. Denn immerhin ist er im wahren Wortsinn der tragendste Teil deines Pferdes. Und wie beim Hals weißt du auch beim Rücken erst, was du bei deiner zukünftigen Dressurarbeit zu tun (und zu lassen) hast, wenn du dir über seine anatomischen Gegebenheiten im Klaren bist.

Der Rücken, genauer seine Wirbelbrücke, bildet die Verbindung zwischen Vor- und Hinterhand. Ist die Brücke intakt, überträgt sie die Bewegung der Hinterbeine durch Hals und Kopf bis zum Maul. Dazu muss sie nicht nur über eine gewisse Elastizität verfügen, sondern – da sie ja das Gewicht eines Reiters zu tragen hat – auch über eine gewisse Festigkeit. Nun scheinen Elastizität und Festigkeit einander auszuschließen. Doch ist beides für die Sportreiterei unerlässlich. Dass der Rücken eines jungen Pferdes diese Voraussetzung nicht ohne eine gymnastizierende Kräftigung erfüllt, ist normal. Und genau wie beim Hals muss auch beim Rücken die Muskulatur, die seine Gelenke* bewegt, zum einen für die gerade richtende Arbeit biegsam gemacht und zum anderen gekräftigt werden, damit sie dem Reitergewicht standhalten kann.

* Daher also die „Gelenkigkeit".

Schon in der Ära der Kavallerieregimenter hat sich auch hier die Physik bestätigt: Die Tragfähigkeit des Rückens nimmt mit zunehmender Länge ab. Schau dir das Rückenmodell auf der nächsten Seite an. Je nachdem, ob man die Stützen unter dem Bambusrohr enger oder weiter auseinander stellt, gewinnt oder verliert das Rohr unter einer Last an Biegsamkeit. Ein Pferd mit zu langem Rücken eignet sich weder für ein schweres Gewicht noch für eine versammelnde Arbeit, weil es für beide Anforderungen die nötige Annäherung der Hinterhand an die Vorhand auf Grund des zu großen Abstands zwischen beiden nicht schafft. Und selbst wenn man es immer nur in der ihm angeborenen, zwanglosen Körperhaltung reiten würde, wäre es nicht in der Lage, sich mit der Belastbarkeit und dem energischen Vorwärts eines gut geschlossenen Artgenossen zu bewegen. Denn – und das gilt gleichermaßen für Hinter-, Mittel- und Vorhand – die gesamte Wirksamkeit der Muskeln ist von der Bauart des Knochengerüsts abhängig. Allerdings schluckt ein langer Rücken auf Grund seiner Biegsamkeit alle Stöße, die er von den Gliedmaßen (oder auch von einem schlecht sitzenden Reiter) abkriegt, was die Gänge eines solchen Pferdes immerhin angenehm und bequem erscheinen lässt.*

* Vorsicht bei diesen weichen Pferden! Weil sie zumeist gut sitzen lassen, besteht für deren Ausbildungsverlauf eine doppelte Gefahr: Einerseits täuschen sie mit ihrer Rittigkeit eine Losgelassenheit vor, die sie in Wirklichkeit nicht besitzen, andererseits versäumt es der weniger erfahrene Reiter, dieses Problem mit der Dehnungshaltung aufzulösen. Die Folge davon ist, dass vor allem die rittigen Pferde in biegende und versammelnde Lektionen zu einem Zeitpunkt gezwungen werden, an dem durch eine festgehaltene Muskulatur die Anlehnung noch gar nicht erreicht ist. Die Konsequenz ist immer Behinderung der Schubkraft und des natürlichen Ganges.

Der Hauptgrund, warum sich ein Pferd verspannt: *Hinsichtlich seiner Anatomie hat es die Natur eindeutig mehr als Zug-, denn als Tragtier vorgesehen. Und mit ein wenig Phantasie lässt sich besonders beim jungen Pferd die Angst beim ersten Aufsitzen nachvollziehen, dass ihm das Reitergewicht den Rücken durchbiegt. Tatsächlich ist diese subjektive Empfindung bei der Konstellation „schwerer Reiter auf schwachrückigem Pferd" auch objektiv durchaus berechtigt. Dann geht das Pferd wörtlich „in die Knie" bzw. stellt die Beine hinten heraus. Grundsätzlich entsteht bei den meisten jungen Pferden durch diese Belastungsangst zunächst ein Abwehreffekt: Um nicht „durchzubrechen", zumindest aber um Rückenschmerzen entgegenzuwirken, wehren sich die normal- bis langrückigen Pferde mit verkrampftem Einziehen (Festhalten) ihres Rückens und die kurzrückigen mit krampfhaftem Aufwölben. Beide Formen von „Abwehrmuskulatur" haben für den Reiter den verhassten „Wurf" zur Folge und für das Pferd nicht nur die Beeinträchtigung seines natürlichen Gangwerks, sondern letztlich die totale Gymnastizierungsblockade seiner Hinterhandgelenke. Ich habe auf vielen älteren Pferden gesessen, die ihr Leben lang „ohne Rücken" gegangen sind, weil ihnen von Reitstunde zu Reitstunde über Jahre hinweg eine festgehaltene Muskulatur förmlich angearbeitet wurde. Klar, dass da schon die Ausbildungsstufe „Geraderichten" unerreichbar bleibt und solche ewig schiefen „Steiftiere" ihren Reitern wenig Freude machen. Konsequenterweise kann also die Grundforderung deiner Ausbildungsbemühungen nur lauten: Die Verspannung muss 'raus aus deinem Pferd; für einen tragfähigen, schwingenden Rücken, der dich weich und tief sitzen lässt, ist eine losgelassene, gymnastizierbare Muskulatur die Voraussetzung.*

Lass' mich hier ruhig noch einmal meine Warnung aus dem vorigen Kapitel wiederholen: Insbesondere bei einem solchen Rücken darfst du die Hebelkraft des Halses nur ganz vorsichtig anwenden, da eventueller Missbrauch sehr schnell die Aktivität der Hinterhand zerstört. ***Erzwingst du eine Aufrichtung des Halses durch zu frühes oder zu starkes Versammeln, also bevor die Hinterhand die Last der Vorhand aufnehmen kann, fällt das ganze Gewicht auf die Lendenwirbel. Durch deren übermäßige Senkung wird die ohnehin schon schwache Schubkraft vollends gebrochen und das Pferd erscheint wie im Kreuz gelähmt, was es dann mit der Zeit auch wirklich wird.*** Wenn dein Pferd auf den ersten vier Stufen der Ausbildungsskala so sicher steht, dass du anfangen kannst, die Versammlung zu verstärken, wirst du als Reiter, der um die Zusammenhänge weiß, diese Arbeit sehr behutsam stets dem Bau und der natürlichen Kraft des Rückens anpassen. Das heißt, ***du wirst den langen, weichen und schwachen Rücken durch eine tiefere Hals- und Kopfhaltung sowie durch leichtes Einsitzen schonen.*** Dadurch hilfst du dem Rücken, sich aufzuwölben und gibst ihm die Chance, sich auf diese Weise ganz allmählich zu kräftigen.

Ein Pferd mit kurzem Rücken zeigt in aller Regel die entgegengesetzten Eigenschaften: Auch unter einem schweren Reiter ermüdet es kaum und geht selbst in zwangloser Haltung mit scheinbarer Erhabenheit, da es mit einer Art „versammelter Anatomie" geboren ist. Aber weil sein Rücken fest und wenig biegsam ist, kann er Stöße und Prellungen kaum abfedern. Stattdessen setzen sie sich auf höchst schädigende Weise sowohl bis in den Rücken des Reiters als auch bis in die Beine des Pferdes fort.

Generell müssen Pferde, sowohl mit längeren als auch mit kürzeren Rückenpartien gleichmäßig über den Rücken gearbeitet werden. Zur Kontrolle solltest du immer wieder die Dehnungshaltung (Zügel aus der Hand kauen lassen) anstreben. In Kapitel 12 kommen wir auf dieses zentrale Thema unter spezieller Einbeziehung der Hinterhand noch einmal eingehender zu sprechen.

Aus meinen Anfängen erinnere ich mich noch gut, wie meine springreitenden Vereinskameraden und ich begierig nach einem solchen Pferdetyp Ausschau hielten, weil wir damals mangels Eltern-Sponsoring nur Pferde der Sonderangebotsklasse besaßen. Deren Gebäude hinderte sie zumeist, so richtig „mit Schmackes" vom

Boden wegzukommen, weil eben die Hinterbeine die Vorderbeine nie richtig entlasteten. Die Pferde mit kurzem Rücken waren nach unserer Meinung die wahren Knaller. Die sprangen noch „einsfuffzig aus dem Trab", ohne dass sie uns dabei allzu viel Dressuraufwand abverlangen würden. Na ja, im Laufe der Jahre hat auch hier die Erfahrung die ganze Wahrheit und damit die grundsätzlichen Nachteile zutage gefördert: Pferde mit kurzem Rücken springen zwar zumeist tatsächlich mit mehr „Bums", haben aber letztlich nicht nur bei dicken Hochweitsprüngen ihre Not, weil ihnen die Basküle bzw. die Fähigkeit sich zu strecken fehlt. Sondern sie sind auch — ganz im Gegensatz zu unserer damaligen Einschätzung — nur unter erheblichem Zeit- und Kraftaufwand dressurmäßig geschmeidig zu machen. Einfach deshalb, weil sie in aller Regel mit ihrem Übermaß an Kraft den biegenden Übungen enormen Widerstand entgegensetzen können. Bevor man solche Spezialisten „weich gekocht" und korrekt an den Hilfen stehen hat, können sie selbst die stärksten Reiter zur Verzweiflung bringen — und die weniger starken zum Dauerkonsum von Antidepressiva. Mit anderen Worten: Die Praxis zeigt, dass der langwierige Arbeitsaufwand, den Quadratpferde beanspruchen, meist in keinem Verhältnis zum erzielbaren Ergebnis steht. Deshalb droht denn auch den kurzrückigen eine besondere Gefahr: Weil sie sich zumeist nur schwer bis gar nicht loslassen, streckt sich ihre Wirbelreihe bei der Arbeit nicht ausreichend. Die Folge davon ist, dass, wenn sie sich bewegen (insbesondere wenn sie springen), die eng stehenden Dornfortsätze der Wirbelsäule aneinander geraten und kurz über lang Arthroseschäden bekommen. Dieses Verschleißsymptom — bekannt als „Kissing Spines" — verursacht derartige Schmerzen, dass die davon betroffenen Tiere als Sportler unbrauchbar werden. Um das zu vermeiden, ist hier das Vorwärts-Abwärts-Arbeiten besonders wichtig.

Der ideale Rücken ist ganz klar der, bei dem sich Kraft und Biegsamkeit die Waage halten. Das zeichnet die so genannten „rittigen" Zuchtprodukte aus: Mit nicht zu kurzem Rücken, aber langem Widerrist und leicht gewölbten Lenden. Ein solcher „Bauplan" verspricht gute Tragfähigkeit und sicheren Schutz der Nieren bei der Belastung des Rückens.

Genau wie der Hals muss auch der Rücken deines Pferdes für die Arbeit des Geraderichtens in horizontaler wie in vertikaler Richtung biegsam sein, wobei seine Beweglichkeit in beiden Richtungen grundsätzlich nur sehr gering ist. Je kürzer der Rücken ist, umso geringer ist die Beweglichkeit, weil Rippen und Dornfortsätze entsprechend eng zusammenstehen.

Die Wirbelsäulengelenke werden durch die oberhalb und seitlich von der Wirbelsäule entlanglaufenden Muskelstränge (die Strecker) und durch die Bauchmuskeln (die Beuger) bewegt. Dieses gelingt nur optimal mit einer Muskulatur, die sich nicht versteift.

Wie der Hals ist auch der Rücken am besten durch seitliche Biegearbeit geschmeidig zu machen, denn diese Richtung garantiert dir die beste Einwirkung auf's Pferd. Den Effekt, den du mit deiner seitlichen Biegearbeit erzielst, nennt man die Längs- oder Rippenbiegung. Damit ist natürlich nicht gemeint, dass du den festen Knochen jeder einzelnen Rippe zu biegen hättest. Tatsächlich handelt es sich bei der Rippenbiegung um eine seitliche Biegung der Wirbelsäule, bei der die Rippen der inwendigen Seite etwas zusammengeschoben werden* – *im Unterschied zum Hals, bei dem die Wirbel in horizontaler und vertikaler Richtung biegsam gemacht werden müssen.* Dein Pferd kann zwar seinen Rücken heben und senken, ihn krümmen und hohl machen und du als Reiter kannst beides durch deinen Sitz fördern oder behindern, *zum Strecken aber kriegst du ihn nur, indem du ihn durch seitliche Biegearbeit löst!*

* Bis zum heutigen Tag frage ich mich, wie weit die Rippenbiegung wohl tatsächlich gehen mag: Wenn ich meinen eigenen Oberkörper biege und beuge, kann ich nicht feststellen, dass sich mein Brustkorb mit Beginn des Brustbeins bzw. innerhalb meiner 12 Brustwirbel biegen lässt. So gesehen findet bei mir eine Rippenbiegung primär im Bereich der 5 Lendenwirbel statt. Sollte das bei Pferden anders sein? In diesem Punkt gehen auch Expertenmeinungen auseinander.

Zwar ist der Rücken nicht alles (die Beschaffenheit der Hanken spielt bei der Eignung eines Reitpferdes ebenfalls eine tragende Rolle), aber alles ist nichts ohne Rücken! *Deshalb sehe ich schon bei Dreijährigen gerne einen Rücken, bei dem die Wirbelsäule in solche Muskelstränge eingebettet ist.*

Die korrekt erarbeitete Längs- oder Rippenbiegung muss in Zukunft eine Haupteigenschaft deines Pferdes sein, denn sie ist das unverzichtbare Mittel, um bei der vor dir liegenden gerade richtenden Arbeit die harmonische Zusammen- oder Wechselwirkung zwischen Vor- und Hinterhand herzustellen. Nur diese befähigt dein Pferd, gebogene Linien richtig einzuhalten, enge Wendungen mühelos auszuführen und auch bei den anstehenden Lektionen auf zwei Hufschlägen seine Gangarten taktrein und flüssig, also ohne Gangverlust zu erhalten.

Bei all diesen Übungen, die wir uns später noch genauer ansehen, ist die korrekt erarbeitete Rippenbiegung die Voraussetzung, um das innere Hinterbein (zu diesem Pferdefuß der Dressurausbildung kommen wir ebenfalls noch) belastet und die Vorhand darauf eingestellt zu halten. Nur so bleibt die Schubkraft beider Hinterbeine ohne Beeinträchtigung wirksam: ***Gleichmäßig und gerade gegen die Vorhand gerichtet.***

Jetzt weißt du, warum die Rippenbiegung unverzichtbar in der Sportpferdeausbildung und ebenso bedeutsam ist, wie die Biegung des Halses. Tatsächlich müssen die Rückenwirbel als ein Teil des gesamten Knochenbaus nach denselben Regeln seitlich biegsam gemacht werden, wie die Halswirbel. Ihre Gymnastizierung ist aber insofern leichter, als sie durch ihre gewölbte Form in sich fester gestellt sind und dadurch weniger zu falscher oder übertriebener Biegung neigen.

Dazu – und im Vorgriff auf Kapitel 12, in dem wir anfangen, erste Biegungen zu besprechen – noch ein Hinweis: Du kannst mit der seitlichen Biegearbeit überhaupt erst beginnen, wenn dein Pferd gelernt hat, deine Schenkel „widerspruchslos" zu akzeptieren. Oder anders gesagt: Wenn du auf deinem Pferd zum Treiben gekommen bist.* Und zwar, weil du es nur dadurch in den Rippen biegst, dass du es einerseits mit deinem inneren Schenkel zum Weichen aufforderst, es andererseits aber mit deinem äußeren, verwahrenden Schenkel daran hinderst. Indem es daraufhin die innere Seite einzieht, sich also hohl macht und die äußere Seite dehnt, entsteht die gymnastizierende Längsbiegung.

Aber eins nach dem anderen.

* *Was auch wieder frühestens nach erreichter Losgelassenheit der Fall sein wird!*

Zunächst sind die nächsten beiden Seiten wichtig. So wichtig, dass du sie wirklich für den Rest deines Reiterlebens in deinen Gehirnwindungen verankern solltest.

Grundsätzlich gilt: Geht dein Pferd losgelassen im Takt (oder im Takt losgelassen, ganz wie du willst), bestätigt es dir damit, dass es sich im seelischen und körperlichen Gleichgewicht befindet, weil es keine Unsicherheit, Angst oder Schmerzen verspürt.

Nun ist Takt und Losgelassenheit aber nicht allein der Gradmesser und die Voraussetzung für Bewegung im Gleichgewicht. Sondern: Auf Dauer bahnt nur die Losgelassenheit jener anatomischen Kettenreaktion den Weg, mit der dein Pferd die nächsten Stufen der Ausbildungsskala erreicht und – bei entsprechendem Talent und geduldiger Biegearbeit – letztendlich bis zur höchsten Versammlung gefördert werden könnte. Und zwar einschließlich der so genanten „Schulen über der Erde", wie sie unter anderen auch die Spanische Hofreitschule in Wien demonstriert.

Also:

Die Losgelassenheit (also die Dehnung der Wirbelreihe) ist der Beweis, dass dein Pferd seinen Rücken und seine Hanken „entriegelt" hat ...

... und erst das befähigt dein Pferd zu dem, was ich mal – Fachleute mögen jetzt wegschauen – das „Gehen in seiner zweiten Dimension" nennen möchte (wenn man das Gehen auf der Vorhand als erste Dimension akzeptiert): als „Rückengänger" mit tragender Hinterhand.* So ein Pferd ist auch für jemanden erstrebenswert, der sich nicht unbedingt als Bereiter in Wien bewerben will.

Der Weg vom Vorhand- zum Rückengänger führt nur über die oben zitierte und nebenstehend aufgedröselte Kausalkette.

** Nach meiner Erfahrung lernen diese „zweite Dimension" bedauerlicherweise die wenigsten Freizeitreiter und auch längst nicht alle Turnierreiter kennen.*

§

- Erst mit losgelassener Beuge- und Streckmuskulatur lassen sich über den Weg vorsichtiger Längsbiegung und Versammlung seine von Natur aus relativ steifen Hanken biegsam machen.
- Und erst mit zunehmender Hankenbeugung entwickelt sich beim Pferd zu seiner angeborenen Schub- bzw. Schnellkraft zusätzlich sowohl die Tragkraft für mehr Lastübernahme auf die Hinterhand als auch ***Schwung***. Dabei verändert sich sein angeborenes Gleichgewicht ins so genannte „erworbene Gleichgewicht". Für das Pferd ist das eine veränderte Gleichgewichtssituation, die es mit Hilfe der ***Anlehnung*** auszubalancieren sucht.
- Und je biegsamer die Hanken bzw. je fortgeschrittener die ***Versammlung***, desto sicherer lässt sich das Pferd mit entlasteter Vorhand bzw. tragender Hinterhand reiten – was der eigentliche Zweck aller Dressurarbeit ist.

In der strikten Beachtung dieser Kausalkette liegt das ganze Geheimnis einer gelungenen (Grund)Ausbildung deines Pferdes. Nagel dir eine Fotokopie an die Eingangstür deiner Reithalle, leg' dir eine unters Kopfkissen und in den Sattelschrank und gib sie eines Tages an deine reitenden Kinder weiter!

Hier kann ich endlich loswerden, wie mich erst neulich abends in der Reitbahn eine junge und recht bemüht wirkende Reiterin mit folgender Frage mental fast aus dem Sattel geworfen hätte: „Wozu" fragte sie mit entwaffnender Naivität, „soll ich eigentlich mein Pferd so zwanghaft nach der Ausbildungsskala reiten, warum reicht es nicht, wenn ich es so gehen lasse, wie es das die ersten drei Jahre seines Lebens auf der Weide getan hat?"

Wie gesagt, für einen Moment war ich über diese Frage so verblüfft, dass ich der jungen Dame zunächst eine vernünftige Antwort schuldig blieb. Während ich wohl irgendwas von „mehr Elastizität", „Selbsthaltung" und „bequemes Sitzen" brabbelte, wurde mir bewusst, dass ich mir selbst diese einfache Frage so noch nie gestellt hatte. Irgendwann in meiner Zeitrechnung nach Schleswig-Holstein hatte ich mich halt darauf konzentriert, über Losgelassenheit, Takt und gleichgewichtssichernde, federnde Anlehnung die schwingende Rückentätigkeit* so zum unveräußerlichen Grundsatz meiner eigenen Reitweise und zum Arbeitsprinzip werden zu lassen, dass dabei das „warum" völlig in den Hintergrund trat. Erstaunlich. Und natürlich Grund genug, mich später zu Hause mit Hilfe einschlägiger Bücher nochmal schlau zu machen, was denn nun wirklich so schlecht daran ist, wenn man ein Pferd ohne gymnastische Durchbildung reitet.

* die ich zugegebenermaßen im Laufe meiner Jahre im Sattel durchaus nicht bei allen Pferden, bei denen ich's versuchte, auch geschafft habe.

Fündig wurde ich bei Waldemar Seunig (1887-1976), einem der großen Pferdeleute und Ausbilder. Er nennt gleich einen ganzen Katalog von Nachteilen. Und obschon er die bereits Anfang des zwanzigsten Jahrhunderts formulierte, haben sie Wort für Wort auch für ein modernes Sportpferd nichts an Gültigkeit verloren:

- Es wird vorzeitig auf den Beinen verschleißen, da seine Sehnen und Gelenke nicht durch einen elastisch federnden und dadurch Stöße abfangenden Rücken entlastet werden.

- Es wird, wenn es nicht gelernt hat, sich ausbalanciert in Selbsthaltung und mit gleichmäßiger Beanspruchung sämtlicher zum Gehen und Tragen notwendiger Muskelgruppen fortzubewegen, bei demselben Takt des Ganges langsamer vorwärts kommen als ein Artgenosse, der vielleicht von der Natur weniger günstig ausgestattet ist, dessen Gänge aber durch gymnastizierendes Reiten verbessert wurden.

- Es wird nicht nur weniger raumgreifend, sondern auch weniger elastisch treten und deshalb sich selbst und seinen Reiter schneller ermüden.

- Es wird (von seltenen Ausnahmen abgesehen) bei gesteigerten Leistungsanforderungen die Vorhand überlasten, einen „fünften Fuß" in der Reiterhand suchen und dadurch seine eigenen Kräfte und die seines Reiters unnötig strapazieren.

Das Gravierendste ist aber meines Erachtens das:

- Es wird nie zuverlässig an den Hilfen stehen. Das macht die reiterliche Einwirkung bzw. den Gehorsam grundsätzlich zu einer Sache der gütlichen Übereinkunft. Vor allem im Gelände versagt der Gehorsam regelmäßig in Momenten der Aufregung. Je nach Situation kann dies zu bösen bis lebensgefährlichen Erlebnissen führen. Vor allem dann, wenn es zwischen Pferd und Reiter zum Rollentausch kommt, bei dem das Pferd dann plötzlich „Chef im Ring" wird.

Ich halte jedes einzelne dieser Argumente für überzeugend und ausreichend, um die Ausbildungsskala zur „Conditio sine qua non" zu erheben. Sollte die junge Dame, der ich seinerzeit dummerweise diese Antworten schuldig bleiben musste, dies zufällig jetzt hier lesen, denkt sie in Zukunft vielleicht genauso.

Möglicherweise spielt sie unterdes aber auch längst Tennis oder Golf.

9 Kontrollinstrument „Anlehnung"

Nachdem du gesehen hast, welche Probleme du dir durch mangelnde Losgelassenheit bzw. ohne gymnastische Durchbildung bei deinem Pferd einhandelst, lass´ uns wieder zügig zurück zur Ausbildungsskala kommen. Zehn Punkte für Aufmerksamkeit, wenn du dich jetzt fragst, was es denn nun mit der 3. Stufe der Ausbildungsskala, der Anlehnung, so Besonderes auf sich hat. Gut gefragt, denn: ***Der Anlehnung kommt eine Schlüsselfunktion zu***: Mit ihr kannst du kontrollieren, ob deine Ausbildungsbemühungen richtig sind. Zugleich ist sie die Eintrittskarte für den „Club der Rückengänger".

So kommt sie zustande: Zwecks Mäßigung der Schubkraft hattest du deinem vierbeinigen Azubi durch leichtes Anspannen deiner Hand ein momentanes Zeichen gegeben, seinen Gang zu verkürzen. Damit verhindertest du einerseits ein Davoneilen auf der Vorhand und nötigtest andererseits der kompletten Hinterhandmuskulatur mehr unterstützende Mitarbeit ab. Dadurch streckte sich dein Pferd mit seiner ganzen Wirbelreihe und suchte mit lang gedehntem Hals federnde Anlehnung ans Trensengebiss.* Durch diese elastische Verbindung des Pferdemauls an deine aushaltende Hand musstest du nicht fürchten, die Hebelwirkung des Halses missbraucht zu haben. Deshalb akzeptierte dein Pferd weiche Handeinwirkungen auch ohne Gegenwehr. Als es dich verstanden und sein Tempo vermindert hatte, spannte sich deine Hand wieder ab, und Kopf und Hals wurden erneut zum reinen, leicht an den Zügel angelehnten Anhängsel. So weit, so gut. Kombinierst du nun im Zustand der Anlehnung deine weiche, aufnehmende (annehmende und nachgebende) Handeinwirkung mit vortreibenden Hilfen, dann tritt dein Pferd von hinten fleißiger in Richtung seines Schwerpunktes, ***ohne dass es dabei mehr an Tempo und Boden gewinnt***. Wenn du es nicht durch Über-Treiben, also durch mangelnde Kontrolle der Schubkraft wieder aus seinem Gleichgewicht und auf die Vorhand bringst, hast du den Beginn vermehrter Lastaufnahme der Gewichtsmasse „Pferd/Reiter" auf die Hanken erreicht. Physikalisch betrachtet hast du jetzt die Entwicklung der Tragkraft eingeleitet.

* Hier entlarvt sich dann auch das wirkliche Können solcher Reiter, die sich mit dem Jubelruf „jetzt habe ich gar nichts mehr in der Hand" am Ziel ihrer Wünsche wähnen. Bei echter Anlehnung hat man sehr wohl „was in der Hand". Bei gesicherter Anlehnung des fortgeschrittenen Reitpferdes ist das sogar nicht mal wenig. Nur ist die Verbindung – wie du ja während der Longenarbeit schon fühlen konntest – eben gummizugartig elastisch und niemals hart oder starr.

Liest du den letzten Absatz noch einmal aufmerksam durch, müsste sich dir jetzt eigentlich folgender Gedanke aufdrängen: Wenn sich die Energie, die du durch dein Treiben erzeugst, nicht in mehr Tempo und Raumgriff äußert, wie äußert sie sich dann? Irgendwo muss sie ja bleiben! Wie gerade gesagt: ***Durch die Umwandlung der Energie der rohen Schubkraft in Tragkraft bewegt jetzt dein Pferd seine Beine nicht weiter, sondern höher.*** Damit bekommt sein Gang einen erhabeneren, deutlich aktiveren Ausdruck – er entwickelt Kadenz.* Würdest du als Zuschauer dieser Szene die Augen schließen und den Hufschlag des Pferdes lediglich hören, so würdest du vom vermehrten Treiben des Reiters nichts bemerken. Weil? Na klar, am Zeitmaß des Auf- und Abfußens, also am Takt, hat sich nichts verändert. Denn bei einem Pferd, ***das sich mit seinem Reiter im Gleichgewicht trägt***, verweilen die Beine um den gleichen Faktor länger in der Luft, wie der Reiter den Gang aktiviert. Zugegeben, in dieser perfekten Form kriegen das nur Fortgeschrittene hin. Das Prinzip aber bleibt auch für dich und mich gültig. ***Fazit:*** *Erzeugst du im Zustand der Losgelassenheit durch Treiben mehr Gangenergie, ohne dabei schneller zu werden, wird die Gesamtlast „Pferdekörper/Reiter" verstärkt von den Hinterbeinen aufgenommen. Das veranlasst dein Pferd via Streckung seiner gesamten Wirbelreihe deine Hand zur gleichgewichtssichernden Anlehnung zu suchen. Damit hast du den Anfang gemacht, zu seiner Schubkraft die von Natur aus nicht ausgebildete Tragkraft aufzubauen. Erst aus der Tragkraft kann sich im Verlauf weiterer gerade richtender Arbeit ein federndes Vorwärts-Aufwärtsfußen der gebeugten Hanken, also der Schwung entwickeln.*** Das Wichtigste aber: Über den gestreckten Rücken bzw. die zum Tragen herangeholte Hinterhand entdeckst du bei deinem Pferd die von mir freizügigerweise so bezeichnete „zweite Gangdimension", die dich erst weich und tief „im Pferd" sitzen lässt. Dabei gewinnst du neben der Erkenntnis, dass du jetzt vermehrt treiben musst, auch noch diese:

Nur losgelassen bzw. mit gestreckter Wirbelreihe wird dein Pferd eine weiche, federnde Anlehnung an den Zügel bzw. an deine Hand suchen. Ohne Anlehnung fehlt ihm der Fixpunkt, der ihm ermöglicht, sich bei vermehrter Lastübernahme auf die Hanken in seinem neuen Gleichgewicht auszubalancieren. Und dir fehlt ohne Anlehnung das alles entscheidende Kontrollinstrument für weitere Versammlungsgrade!

* Nach meiner Beobachtung bereitet die Beherrschung der „rohen" Schubkraft" selbst langjährigen Reitern Schwierigkeiten, indem sie nicht das richtige Arbeitstempo finden. Das nämlich, das ihrem Pferd ermöglicht, im Gleichgewicht und losgelassen an den Zügel angelehnt Schubkraft in Tragkraft umzuwandeln. Auch diese Problematik klärt wieder ein physikalisches Gesetz. Wir kommen im nächsten Kapitel darauf eingehend zu sprechen. Stichwort: „Vorwärtsreiten".

** Denkst du über den geschilderten Zusammenhang noch einmal in Ruhe nach, erkennst du, wie unsinnig es ist, von einem ungymnastizierten Pferd zu sagen, dass es schwungvoll geht. Denn so ein Pferd schafft es auf Dauer weder von sich aus, Last auf seine Hinterhand zu übernehmen, noch hat es überhaupt eine Veranlassung zu anhaltender Versammlung. Es zeigt höchstens im Trab und Galopp auf Grund seiner angeborenen Schubkraft eine mehr oder weniger ausgeprägte Veranlagung zu guter Schwungentwicklung. Schwung aber, im Sinne der Ausbildungsskala, ist etwas, das sich erst im Verlauf von Gymnastizierung und Kraftzuwachs der Muskulatur der drei großen Hinterhandgelenke einstellt.

Auf geraden Linien bleibt das junge Pferd bei richtig dosiertem Treiben in Anlehnung und hält nach anfänglichen Schwierigkeiten mit seiner neuen Gleichgewichtsituation wie Torkeln bzw. aus-dem-Takt-eilen, sehr bald die nach rückwärts verlegte Belastung für ganz natürlich: Das veränderte Gleichgewicht wird ihm nach wenigen Wochen zur zweiten Natur!

Willkommen im elitären Club der Rückengänger!

In dieser Ausbildungsphase setzt zwangsläufig wieder eine Kettenreaktion ein, die dir auch zeigt, dass die einzelnen Ziele der Ausbildungsskala letztlich zu einem voneinander abhängigen Ganzen werden: Je mehr sich die großen Gelenke der Hinterhand unter Lastaufnahme beugen und schwungvoll abfedern, desto mehr senkt sich die Hinterhand. Je mehr sich die Hinterhand senkt, desto mehr nähert sich die Rückenlinie, die ja von Natur aus etwas von hinten nach vorn abfällt, durch Aufwölben einer waagerechten Richtung und die Vorhand wird entlastet. Dieser Sachverhalt verbirgt sich hinter dem, was man „relative Aufrichtung" nennt. ***Je mehr mit der Zeit die zunehmend tragfähigere Hinterhand die Vorhand entlastet, desto müheloser kann das Pferd über sein Gewicht und das seines Reiters verfügen und damit ein Maximum an Wendigkeit erreichen.*** In dieser Gesetzmäßigkeit liegt, wie gesagt, der gesamte Inhalt einer Dressurstunde. Und all das, was mit Bearbeiten der Hinterhand bzw. mit Geraderichten gemeint ist.

__Die „relative Aufrichtung"__ (hier mustergültig demonstriert vom Oldenburger Hengst DONNERSCHLAG v. DONNERHALL unter Heiko Münzmaier) ist deshalb relativ, weil sie sich weniger durch Hochhalten von Hals und Kopf ergeben sollte, sondern vielmehr auf Grund einer mittels sorgfältiger Biegearbeit in ihren drei großen Gelenken gebeugten Hinterhand. Nur so gelingen letztlich dem gerade gerichteten Pferd Piaffe, Pirouette und Passage ohne Beeinträchtigung seines natürlichen Ganges.

Foto: B. Eylers

Bedauerlicherweise richtet sich dein Pferd nur auf Grund sanften Zuredens weder gerade noch auf. Es bleibt dir also gar nichts anderes übrig, als das eben geschilderte „Verfahren" im Sattel dauerhaft und von Reitstunde zu Reitstunde minimal gesteigert zu erarbeiten. Gelingt dir das in der beschriebenen Weise, bleibt deinem Pferd (und dir) nicht nur von Anfang an die Losgelassenheit als nicht verhandelbare Voraussetzung für biegende Übungen erhalten, sondern Gleichgewicht, Anlehnung, schwungvolles Vorwärtsgehen sowie der Versammlungsgrad verbessern sich im Laufe der Zeit immer mehr.

Das bestätigt die Feststellung auf Seite 36, dass sich ein gehfreudiges Pferd, bei dem du die Schubkraft im Griff hast, unter deiner treibenden Einwirkung fast selber arbeitet. Zumindest bis zu einem gewissen Grad trifft das unter folgender Voraussetzung auch tatsächlich zu: wenn du nämlich die Hinterbeine deines Pferdes nicht mehr und nicht weniger unter seinen Schwerpunkt treibst, als es das Tier, besser gesagt, ***die jeweils erarbeitete Biegefähigkeit seines Halses, seines Rückens und seiner Hinterhandgelenke*** verkraften kann.* In weiteren Ausbildungsmonaten wirst du die Früchte für dein beharrliches Arbeiten an Losgelassenheit, Gleichgewicht und gerade richtenden Übungen ernten: Mit zunehmender Hankenbeugung wirst du immer weicher und tiefer „im Pferd" zu sitzen kommen und deine treibenden Schenkel werden förmlich von selbst an den Leib deines Pferdes gesogen; du hast nicht mehr das Gefühl, auf die Schultern deines Pferdes gezogen zu werden, sondern das ganze Pferd vor dir zu haben und von ihm mühelos „mitgenommen" zu werden.**

Auch ein Mr. Universum hat seinen Body nicht von heute auf morgen gebuildet.

** *Aus eigener Erfahrung weiß ich nur zu gut, dass ein Reiter, der nie das Glück hatte, auf einem Pferd geschult zu werden, das in korrekter Anlehnung geht, ohne fremde Hilfe trotz Kenntnis der Ausbildungsskala kaum eine Aufbauarbeit leisten kann, die zu einem geschmeidigen „Rückengänger" oder gar zu einem halbwegs gerade gerichteten Pferd führt. Das bestätigen mir auch die vielen Reiter meines Gesichtsfelds, die (genau wie ich in meinen Anfängen) zum Teil über Jahre nicht merken, dass ihr Pferd weit davon entfernt ist, sich losgelassen und in Selbsthaltung zu bewegen. Sie nehmen den „unbeugsamen" Rücken ihres Pferdes sowie die harte Verbindung zum Maul mit zusammengebissenen Zähnen als unvermeidlich hin.*

Ich gebe allerdings zu, dass das richtige Verhältnis von treibender Sitz- und Schenkeleinwirkung und durchhaltender Reiterhand für weniger Erfahrene nicht so einfach zu dosieren ist, wie es sich liest; in Kapitel 10 findest du dazu ein wenig Hilfestellung. An dieser Stelle aber erkennst du schon, dass du über die Ausbildungsstufe „Anlehnung" von deinem Pferd zuverlässige Hinweise auf deine Einwirkungsfehler bekommst. Und es sind praktisch immer die drei gleichen Gründe, die es veranlassen, seine Anlehnung aufzugeben:

1. Beim Reiten von zu engen Wendungen wird es seinen Kopf über deine Hand heben (um sich dann darauf zu stützen), weil der innere Hinterfuß noch nicht genug stützend unter die Gewichtsmasse treten kann.
2. Bei zu geringer Schubkraft (zum Beispiel bei angeborener matter Hinterhand oder bei weggedrücktem Rücken) kommt es hinter den Zügel und unterbricht die Verbindung nach vorne.
3. Wenn du die Schubkraft nicht unter Kontrolle hast und sich dein Pferd permanent aus dem Gleichgewicht und – als Folge – auf die Vorhand wuchtet, wird es seinen Kopf permanent nach unten stoßen und dich dabei jedes Mal mit nach vorne reißen.

Du siehst also: Nur bei einem korrekt in Anlehnung gehenden Pferd kannst du das Maß deiner Einwirkung kontrollieren. Nur in Anlehnung hast du die Gewissheit, dass du es ohne Gefährdung seines Gleichgewichts und ohne Überforderung der Hankenbeugung weiter versammeln und den Schwung der Gangarten langsam aber stetig aus tragender Hinterhand heraus verstärken kannst: Vom Arbeitstrab zum versammelten Trab zum Mitteltrab zum – nein stopp, den starken Trab oder Galopp lasse ich hier mal weg, denn dafür ist eine Hankenbeugung nötig, die dein Pferd, wenn überhaupt, erst in einem sehr viel fortgeschritteneren Ausbildungsstadium erreichen kann. Solltest du das gar nicht anstreben, gefällt dir vielleicht trotzdem der Gedanke, dass du es nach deiner geleisteten Basisarbeit und eventuell mit kontrollierender Hilfestellung eines erfahrenen Reitlehrers durchaus erreichen könntest.

Immerhin kannst du jetzt deinen Takt als Reiter beweisen: Lass' dich um Himmelswillen nicht dazu hinreißen, in möglichst kurzer Zeit ein „fertig ausgebildetes" Pferd vorführen zu wollen; das geht unter Garantie in die Hose. Bescheide dich momentan mit deinem bisher errungenen Sieg: dem willigen, vertrauensvollen Nachgeben deines Schützlings. Vermeide unter allen Umständen, das Bild eines in hoher Versammlung gehenden Pferdes vorzutäuschen, indem du den durch Losgelassenheit „eingefangenen" Hals in eine Form presst, die der noch ungenügenden Beuge- und Tragfähigkeit der Hinterbeine nicht entspricht. Du würdest dich mit dieser elenden Standardsünde nur in die endlos lange Schlange jener Blender einreihen, die das überdurchschnittlich gute Gangwerk ihres vielleicht sündhaft teuren Auktionskrachers dazu benutzen, um mit dessen „bodenverachtenden Bewegungen"* das Laienpublikum im Reitercasino zu beeindrucken. In Wahrheit erkennt aber jeder einigermaßen Eingeweihte, dass das genervte Pferd in total übereiltem Stechtrab ohne Gleichgewicht, Anlehnung und Durchlässigkeit mit völlig festgehaltenem Rücken, drehendem Schweif sowie mit seitlich in die Bahn ausweichendem inneren Hinterfuß und selbstverständlich völlig ohne Schwung davonrennt, wobei es sich womöglich noch Funken schlagend in die Vordereisen tritt. Selbst, wenn solche Pferde Lektionen bis zur S-Reife beherrschen, sind sie nicht wirklich gymnastiziert, sondern bleiben mit staksigem Gang und verkrampfter Muskulatur dauerhaft schief und natürlich auf der Vorhand.

** Eine wirklich bemerkenswerte Wortschöpfung, die ich mir da aus einem Auktionskatalog entliehen habe. Ich hoffe, ich komme nicht mit irgendwelchen Urheberrechtsansprüchen in Konflikt.*

Apropos „versammeln": Wenn du bis hierher den versammelten Schritt vermisst, geht das völlig in Ordnung, denn du weißt längst, dass der Schritt die störanfälligste Gangart des Pferdes ist. In diesem frühen Stadium des Geraderichtens wäre er durch das geringste Zuviel an Versammlung in seinem klaren Viertakt gefährdet, weil die dazu notwendige vermehrte Tragkraft und Durchlässigkeit noch nicht ausreichend entwickelt ist.

Einen naturgegebenen guten Schritt kannst du durch zu frühes Versammeln nur verhunzen. Je nach Talent deines Pferdes bist du die ersten ein bis zwei Jahre gut beraten, wenn du den Rat „Hände weg vom Schritt" wirklich beherzigst. Als Sicherheitsregel mag gelten: Erst wenn du in Trab und Galopp Durchlässigkeit erreicht hast, solltest du beginnen, dein Pferd auch im Schritt an die Hand zu stellen. Es kann dann fünfjährig sein!

In diesem Zusammenhang: Zeigt ein Pferd selbst am langen Zügel Pass bzw. passartigen Schritt (Fußfolge beidseitig und gleichzeitig), könnte eine gewisse Schwächung der Rückenmuskulatur, zum Beispiel durch Müdigkeit, die Ursache sein. Phänomenalerweise zeigen gerade die Pferde unter einem Reiter Passneigung, die ohne Reiterlast über einen überdurchschnittlich guten Schritt verfügen. Also lässt Passgang auf Reitereinwirkung schließen. Tatsächlich kommt Pass im Schritt sowohl durch zu eiligen Bewegungsablauf zustande, wie auch auf Grund mangelnden Fleißes. Persönlich habe ich in den zurückliegenden Jahren nicht erlebt, dass sich ein passgefährdeter Schritt unter reiterlicher Einwirkung letztlich nachhaltig verbessern ließ, wohl aber viele Reiter, die den ursprünglich guten Schritt ihres jungen Pferdes mühelos und in kürzester Zeit verdarben, weil sie ihm durch zu frühes Versammeln den Rücken bzw. sein natürliches Gangwerk „weggeritten" hatten.

Folgenden Kommentar fand ich im Februar 2000 im St. Georg. Er stammt vom Leiter der Deutschen Reitschule, Hannes Müller, und spricht mir aus der Seele:

Mit Köpfchen Schritt reiten.

„Eine Reitstunde beginnt und endet üblicherweise mit etwa zehn Minuten Schritt reiten am hingegebenen Zügel. Das wurde immer so gepredigt, das wird immer so praktiziert, das sollte aber nicht so bleiben, denn Schritt reiten am durchhängenden Zügel ist für das Pferd so ungesund wie das tägliche Bürostuhlhocken für den Menschen. Da hat man während der gesamten Reitstunde daran gearbeitet, dass das Pferd locker und unverkrampft geht, da hat man sich endlich hinter die Ohren geschrieben, dass das Pferd den Reiter nur dann auf Dauer tragen kann, wenn es den Rücken aufwölbt – und zack, Zügel weg, das Pferd reckt den Hals gen Himmel, der Rücken sackt in sich zusammen, die Unterhalsmuskulatur spannt sich wieder an – die ganze Arbeit war umsonst. Womöglich reitet man dann noch, weil es ja so nett ist, plaudernd nebeneinander her. Dass das eine Pferd weiter ausschreitet als das andere, kann man ja ausgleichen, durch ein bisschen Ziehen hier, ein wenig Treiben dort. Der geregelte Schritt beider Pferde ist zwar dahin, aber dafür hat man den neuesten Klatsch und Tratsch aus dem Stall ausgetauscht. Stattdessen sollte man lieber mit Köpfchen Schritt reiten, den Plausch auf die Stallgasse verlegen und die Früchte der Arbeit genießen: Nämlich sein Pferd im großen, langen Rahmen mit geringer Anlehnung reiten, bis man absitzt – egal ob in der Bahn oder während eines entspannenden Rittes durchs Gelände. Das Pferd kann seine Bewegungen mit geringer Anlehnung besser koordinieren, es schreitet taktmäßig und vor allem bleibt der Rücken rund und die Unterhalsmuskulatur entspannt. Ganz nebenbei kann der einfühlsame Reiter mit geringer Anlehnung im Schritt auch diese schwierige Gangart verbessern: Denn nur wenn das Pferd durchs Genick und in leichter Bergauf-Haltung geht, hat es genügend Freiheit in der Schulter, um die Vorderbeine weit ausschreiten zu lassen. Wie sehr kann sich der Reiter freuen, wenn das Schrittreiten auch in Prüfungssituationen nicht mehr zur Zitterpartie wird, denn er hat ja Schritt reiten mit leichter Anlehnung täglich geübt.
Natürlich ist auch hier Einfühlungsvermögen gefragt: Denn das wichtigste Argument, warum der Reiter die Zügel beim Schrittreiten so gern auf den Hals wirft, ist immer wieder: „Ich mache sonst den Schritt kaputt." Schon richtig. Der ungeübte Reiter sollte wirklich lieber den Zügel hingeben, statt den Takt des Pferdes zu stören. Doch sobald der Reiter genügend Gefühl entwickelt hat, sollte er darüber nachdenken, ob Schritt reiten mit Anlehnung nicht doch gesünder für sein Pferd ist. Ich halte jedenfalls nichts von der prinzipiellen Forderung, Schritt immer nur am hingegebenen Zügel zu reiten: Strecken und dehnen soll sich das Pferd – aber bitte ohne Hohlkreuz: Und dabei kann ein wenig Anlehnung, besonders im Schritt, Wunder wirken".

So, und nun schauen wir uns an dieser Stelle noch einmal an, was du bis jetzt erreicht hast: Du hast dein anfangs noch zwanglos unter dir gehendes Pferd mit passiver Hand auf derzeit noch vorwiegend geraden Linien in einem Tempo geritten, bei dem du seine Schubkraft so unter Kontrolle behieltest, dass es nicht aus Takt und Gleichgewicht eilte. Dein beständiges, wohl dosiertes Vorwärts in diesem Tempo hat es daraufhin veranlasst, seinen Rücken „herzugeben". Mit einsetzender Rückendehnung kamst du bei weicher, temporegulierender Handeinwirkung zum vermehrten Treiben, was die Hinterbeine auch vermehrt in Richtung des Schwerpunkts der Gewichtsmasse Pferd/Reiter untertreten ließ. Weil sich dadurch das angeborene Gleichgewicht deines Pferdes von der Vorhand weg zum erworbenen Gleichgewicht in Richtung Hinterhand veränderte, muss sich dein Pferd neu ausbalancieren! Dazu suchte es als Fixpunkt deine (weich) aushaltende Hand. Mit dieser ersten und noch keineswegs solide gefestigten ***Anlehnung*** nehmen ab jetzt ***Geraderichten***, ***Schwungentwicklung***, ***Versammlung*** und – wenn du das Zeug dazu hast – auch die Aufrichtung auf ganz natürliche Weise ihren weiteren Verlauf.

Was du zu diesem Zeitpunkt tatsächlich von deinem vierbeinigen Grundschüler an Gymnastikleistung erwarten bzw. verlangen darfst, liest du dir jetzt am besten zwei- bis dreimal laut vor:

Erst mit Erreichen der Ausbildungsstufe „Anlehnung" ist ein Reitpferd in der Lage, gemäß den Gleichgewichtsgesetzen von Seite 34 auf Gewicht- und Schenkeleinwirkung zu reagieren! Das heißt: Erst im Zustand der Anlehnung ist es ihm möglich, seine Hinterbeine für biegende Lektionen sowohl vorwärts als auch seitwärts zu regulieren, ohne dabei Takt, Losgelassenheit und natürlich auch die Anlehnung wieder zu verlieren. Hals und Kopf aber bleiben vom Anfang bis zum Schluss jeglicher Dressurarbeit ein Anhängsel nach vorn, über das eine Hebelwirkung auf die Lendenpartie mittels Zügelanzügen nur äußerst behutsam stattfinden darf.

Daraus folgt verblüffend schlüssig:

Ein Pferd, das nicht in der Lage ist, in korrekter, federnder Anlehnung zu gehen, (sondern lediglich mit Zügelverbindung zum Maul), vermag seinen Reiter logischerweise auch nicht durch Aufgeben der Anlehnung auf mögliche Einwirkungsfehler aufmerksam zu machen!

Anlehnung, Schwung

Anlehnung ist das durch gleichmäßiges Vortreten beider Hinterbeine verursachte Herandehnen der ganzen Wirbelsäule einschließlich der Halswirbel ans Trensengebiss. Findet das Pferd dabei eine federnd elastische Verbindung zur weich durchhaltenden Reiterhand, fördert das im weiteren Ausbildungsverlauf das Vertrauen zum Reiter.
Die Anlehnung ermöglicht dem Pferd zunächst, sich mitsamt Reiter in einer nach rückwärts veränderten, neuen Gleichgewichtssituation auszubalancieren. Im weiteren Dressuraufbau ist sie die Kontrollinstanz für die Dosierung aller gerade richtenden Lektionen.
Die Anlehnung nimmt ihren Anfang mit beginnender Losgelassenheit und ist beim durchlässigen Pferd dauerhaft gesichert. Kommt das Pferd über, auf oder hinter den Zügel, hat es seine Anlehnung aufgegeben. Als Folge kann es das Vorwärtsgehen unterbrechen oder eigenmächtig die Richtung ändern. Für dieses „Wegbrechen" steht ihm noch ein anderes Extrem fehlerhafter Anlehnung zur Verfügung: Es legt sich auf den Zügel, bindet dadurch die Reiterhand und entzieht sich so ihrer Einwirkung.
Weicht das Pferd durch „Aufrollen" nach unten der korrekten Anlehnung aus, kommt es zwischen dem zweiten und dritten Halswirbel oft zum so genannten „falschen Knick". Durch den unvollständigen Kontakt der beiden Wirbel entsteht eine Lücke in der Verbindungskette zwischen Maul und Hinterhand. In der Folge ist das Pferd nicht mehr in der Lage, Zügelhilfen durchs Genick bis zu den Hinterbeinen durchzulassen; sie bleiben ihm im wahrsten Sinne des Wortes „im Halse" stecken.

Achtung: Ohne korrekte Anlehnung geht's auf der Ausbildungsskala nicht weiter!

Außer kaum beeinflussbarer äußerer Ablenkungen gibt es im Prinzip nur drei Gründe, die einerseits ein Pferd veranlassen, seine Anlehnung aufzugeben und auf die andererseits ein Reiter korrigierend einwirken kann bzw. einwirken muss:

1. Das Pferd verhält sich (und tritt auf Grund zu geringer Schubkraft nicht ans Gebiss).
2. Das Pferd eilt (auf Grund unkontrollierter Schubkraft).
3. Das Pferd wird in zu enge Wendungen gezwungen (und versucht, das Gleichgewicht, das es dabei mangels ausreichender Beuge- bzw. Stützfähigkeit der Hinterhand verliert, auszugleichen, indem es sich mit dem Maul auf die Reiterhand stützt und diese als „5. Bein" benutzt.).

Schwung ist einem Pferd nicht angeboren! Allenfalls eine mehr oder weniger ausgeprägte Veranlagung auf Grund der naturgegebenen Schnellkraft seiner Hinterhand. Schwung entwickelt sich aus kraftvollem Schub und – ebenso wie Losgelassenheit – nur unter reiterlicher Einwirkung. Und zwar im Verlauf der durch systematische Arbeit erlangten Beugefähigkeit der Hanken. Im Zusammenhang mit sich verbesserndem Geraderichten ergibt sich ein näheres Nebeneinandertreten der Hinterbeine (die Höchstform zeigt sich in der Pirouette), sowie deren federndes Abstoßen vom Boden, verbunden mit einer energischen Vorwärts-/Aufwärtsbewegung der Sprunggelenke sofort nach dem Abfußen. Breitspurig tretende Pferde zeigen wenig Schwung und sind nicht sehr wendig. Zur vollen Entfaltung des Schwungs gehört das elastische Mitschwingen des Rückens, was auch den Reiter erst weich sitzen lässt. „Schwung" ist nicht zu verwechseln mit „Gang": Ein Pferd mit „viel Gang" kann sich zwar sehr ausdrucksvoll mit weiten Tritten vorwärts bewegen und dennoch unter seinem Reiter ohne Anlehnung und mit weggedrücktem Rücken, hohem Kopf und steifen Hanken völlig ohne Schwung dahingehen. Siehe dazu noch einmal die Bemerkungen zum Thema „Reitertakt" auf S. 82!

10 Reite dein Pferd vorwärts und richte es gerade !?

So, nun wird's langsam wirklich spannend. Denn jetzt nähern wir uns dem Hauptanliegen der Reitpferdeausbildung. Und ich erkenne mit einigem Unbehagen, dass ich nicht umhin kann, doch noch ein Stück weit mit dir in die klassische Reitlehre einzusteigen. Gott ja, ich hatte gehofft, ich könnt's vermeiden.

Um nun bei einem so bedeutsamen Schulthema nicht in „offene Messer" von amtierenden Koryphäen zu laufen, hole ich mir zur Erklärung kompetente Rückendeckung. Und zwar bei keinem Geringeren, als bei Gustav Steinbrecht (1808 – 1885), dem Verfasser der besten Reitlehre, die jemals geschrieben wurde: Aus seinem Gymnasium des Pferdes stammt auch die – im doppelten Wortsinn – richtungsweisende Erkenntnis, die ich als Überschrift über dieses Kapitel gewählt habe.

„Reite Dein Pferd vorwärts und richte es gerade" ist wahrscheinlich der am häufigste zitierte Lehrsatz der Reiterei. Das bewahrt ihn merkwürdigerweise nicht davor, fast ebenso häufig missverstanden zu werden. Nämlich mit zu forschen Arbeitstempi. Um klar zu stellen, wie Meister Steinbrecht seine elementare Empfehlung an die Reiterwelt aber tatsächlich gemeint hat, lasse ich ihn zum Thema „Geraderichten" selbst zu Wort kommen:

„Je vollkommener die Biegsamkeit des Pferdekörpers ohne Beeinträchtigung der Schubkraft der Hinterbeine ausgebildet wurde, desto vollkommener wird die Dressur des Pferdes sein. Alle Reiter, die eine Gymnastizierung ihres Pferdes für notwendig halten, sind daher bemüht, die Steifheit in Ganaschen, Hals, Rücken und Hinterbeinen zu beseitigen. Folglich sieht man sie oft stundenlang diese Teile bearbeiten und „biegen". Alle diese Bemühungen sind aber nur von sehr geringem Erfolg oder sogar von Nachteil, wenn sie ohne Bewegung des Pferdes vorgenommen werden. Denn das Pferd ist ein harmonisches Ganzes, dessen einzelne Partien sich gegenseitig unterstützen. Es kann sich nicht bewegen, ohne dass das ganze

„Triebwerk" des durch Muskeln bewegten Knochengerüstes mitarbeitet. Es nutzt also wenig, wenn man einzelne Teile des Pferdes, beispielsweise das Genick im Halten bearbeitet, weil es fraglich ist, ob dadurch für das reibungslose Arbeiten der ganzen „Maschine" in Bewegung etwas Wesentliches gewonnen wird ...

... Bewegung ist das Element des Pferdes und alle Bewegung geht von der Hinterhand aus. Deshalb dienen alle gymnastizierenden Lektionen letztlich der Biegsamkeit der Hinterhand. Um bei den Biegungen des Genicks und der Wirbelsäule den Widerstand der Hinterbeine zu verringern, muss das Pferd zur Vorwärtsbewegung angehalten werden. Denn in freien, entschiedenen Gängen hat es abwechselnd ein, zwei oder drei Füße - in der freien Schwebe sogar alle vier - vom Boden erhoben. Der Nutzeffekt dabei ist, dass es einerseits um so weniger Widerstand leisten kann, je weniger Stützpunkte es am Boden hat, und andererseits nötigt es sein eigenes Sicherheitsgefühl zu einer Körperhaltung, die sein Gleichgewicht auch ohne diese Stützen aufrecht erhält. Reiter, die gegen den Grundsatz verstoßen, ihr Pferd in der Bewegung zu arbeiten, rauben ihm durch falsche Biegung Gang und korrekte Anlehnung....

... Durch Biegen werden nicht nur die Gelenkbänder und Gelenkkapseln nachgiebiger, sondern es werden vor allem die dabei beteiligten Beuge- und Streckmuskeln gelöst und durch Gymnastizierung in ihrer wechselseitigen Wirksamkeit ausgeglichen. Man hat also bei der Biegearbeit zunächst darauf zu achten, ob bei dem jeweiligen Pferd von Natur aus die Streck- oder Beugemuskeln an Kraftäußerung überwiegen. Haben die Strecker das Übergewicht, so müssen sie durch häufige und anhaltende Übungen in ihrer Wirkung gemäßigt und nachgiebig gemacht werden. Überwiegen die Beuger, so muss ihre Tätigkeit durch richtige Gegenwirkung der Strecker genau bestimmt werden. Durch die richtige Wahl von Gangart und Tempo findet der Reiter das sichere Mittel, den Ausgleich zwischen den sich entgegenwirkenden Muskelgruppen herzustellen: Freie Gangarten nötigen die Strecker zu größerer Tätigkeit, ruhige Bewegungen und ein verkürztes Tempo mäßigen sie.

Man biege daher das weiche, von der Natur eher mit einer schlaffen Muskulatur ausgestattete Pferd nur in freien oder jedenfalls sehr entschlossenen Gangarten, denn die auf diese Weise erzeugte

Anspannung der Streckmuskeln hindert es an seiner natürlichen Neigung, sich festzumachen.

Umgekehrt wird man ein Pferd, das sich auf Grund seiner von Natur aus straffen Muskulatur festmacht, im freien Gang erst voll beherrschen können, wenn es gelungen ist, durch Längsbiegung in gemäßigtem Tempo die das Festmachen verursachende Spannung der Muskulatur zu beseitigen.

Grundsätzlich sollte das von Natur aus straffe bzw. steife Pferd so lange vermehrt auf gebogenen Linien im Schritt und verkürzten Trab gearbeitet werden, bis es so nachgiebig geworden ist, dass man seine Streckmuskeln auch im freien Gang beherrscht. Da jedoch straff bemuskelte Pferde meist dazu neigen, sich zu verhalten, wird man ihre Gehlust zunächst durch freie Gänge wecken, um sie dadurch zum Strecken zu bringen (wozu ihnen der Zügel natürlich genügend Freiheit zu geben hat), bevor man sie auch im Schritt und Trab mit Erfolg biegen kann. Nur so ist die notwendige Lebhaftigkeit der Tritte, vor allem im Trab, gewährleistet und nur so wird eine korrekte Anlehnung erzielt werden.

Das von Natur aus biegsame und somit geschmeidige Pferd, das „geborene Reitpferd", das eine ausgewogene Kraftäußerung seiner Streck- und Beugemuskulatur als Erbteil mitbekommen hat, muss nur geschult werden, auf Grund gewisser Hilfen einen bestimmten Gebrauch davon zu machen".*

Ein ausgeglichenes Kräfteverhältnis von Streck- und Beugemuskulatur ist denn auch das Geheimnis eines rittigen Pferdes und folglich das erklärte Ziel der Sportpferdezucht. Und dass sie genau diesen Pferdetyp anbieten würden, meinte wohl der Zucht- und Turnierstall, dessen Verkaufsslogan ich auf Seite 9 ein bisschen durch den Kakao gezogen habe. Tatsächlich nehmen die rittigen Pferde deutlich zu. Allerdings: Wenn ich mich so umhöre, bin ich nicht der Einzige, der argwöhnt, dass bei immer weicher werdenden Zuchtprodukten die irreparablen Schäden im Lendenwirbelbereich durch zu frühes Versammeln zunehmen werden. Vielleicht werden eines Tages die Kraftprotze, die einerseits zwar aufwendiger zu arbeiten, andererseits aber in schweren Prüfungen die belastbareren Athleten sind, einfach weggezüchtet sein.

Zur endgültigen Klärung und ergänzend zu Steinbrecht's klugen Kommentaren bemerkt der kaum weniger geniale Waldemar Seunig zum Thema „Vorwärtsreiten" noch das:

„Unter Vorwärtsreiten verstehe ich nicht ein Vorwärtstreiben des Pferdes in möglichst eiligen und gestreckten Gangarten, sondern vielmehr die Bemühungen des Reiters, bei allen Übungen die Schub- und Tragkraft der Hinterbeine so in Tätigkeit zu halten, dass nicht nur bei Lektionen auf der Stelle, sondern sogar beim Rückwärtsrichten das Vorwärts, nämlich das Bestreben, die Last stets mühelos vorwärts zu bewegen, wirksam bleibt".

So weit also die großen Lehrer zu einem der grossen Irrtümer in den Reithallen. Und warst du selbst auch bisher zum Sachverhalt „Vorwärtsreiten" noch im Ungewissen, weißt du's jetzt besser als viele deiner Sportkollegen:

„Vorwärtsreiten" hat nichts mit Bewegungsgeschwindigkeit zu tun! Sondern meint die durch gymnastizierende Arbeit erworbene Fähigkeit des Pferdes, seine Gangart und sein Tempo in dem von Sitz und regulierender Hand bestimmten Maß in klarer Anlehnung genau einzuhalten. Also ohne sich zu verkriechen oder zu eilen. Kurz gesagt: Ein Pferd „vorwärts reiten" heißt, dass es durchlässig die treibenden Hilfen annimmt!

Nur so kann der Schub der Hinterhand ohne Einschränkung des naturgegebenen Ganges und in gerader Richtung gegen die Vorhand wirken. Die Schubkraft der Hinterbeine wirkt um so effektiver, je gerader sie gegen die Gewichtsmasse Pferd/Reiter gerichtet ist – getreu des physikalischen Lehrsatzes, dass eine schiebende oder hebende Kraft stets gegen den Schwerpunkt des Gewichts gerichtet sein sollte.

Dass Geraderichten überhaupt ein Thema der Reitpferdeausbildung und dazu noch mit langwierigerer Fleißarbeit verbunden ist, liegt eben an der natürlichen Schiefe, die dir und deinem Pferd ja schon beim Anlongieren das Leben schwer gemacht hatte. Sie ist tatsächlich so gut wie allen Pferden angeboren und selbst die Durchgymnastizierten müssen dagegen ankämpfen, solange sie Sportpartner sind.

Die natürliche Schiefe äußert sich dadurch nachteilig, dass sich ein Hinterbein dem unbequemen Beugen zu entziehen versucht, indem es nicht gerade auf der Linie seines gleichseitigen Vorderfußes unter seinen Körper tritt, sondern mehr oder minder stark nach seitwärts ausweicht. Die Folge ist eine von der Bewegungsrichtung abweichende Verstellung des Pferdekörpers, was du wahrscheinlich längst auch schon bei deinem Pferd gespürt hast: wenn es nämlich gegen deinen biegenden inneren Schenkel und den äußeren Zügel drängt und damit fast das Bild eines in mangelhafter Traversstellung schrägelnden Pferdes bietet.

Wie dem auch sei, diese Schiefe gilt es zu beseitigen. Mit Maßnahmen, die mit den Begriffen „Biegung und Beugung" zusammengefasst sind. Sie zielen – wie du ja seit den Kapiteln 7 und 8 weißt – zuerst auf Hals und Rücken. Biegungen sind, wie ebenfalls schon erwähnt, kein Selbstzweck, sondern unerlässliche, vorbereitende Maßnahmen für das Endziel deiner Dressurarbeit, die Beugung der

Die Tempofrage – natürlich ebenfalls gesetzlich geregelt.

Wo eine Bewegung Widerständen trotzt oder sie verändert wird, ist Kraft am Werk. Diese Kraft definiert die Physik – Ordnung muss sein – mit der Gleichung:

Kraft – Masse x Beschleunigung.

Mit dieser Gleichung können Ingenieure berechnen, wie groß zum Beispiel Motorkraft sein muss, um ein Auto mit einer Masse von 1000 kg auf eine konstante Geschwindigkeit von 180 km/h zu beschleunigen. Die Gleichung erlaubt aber auch, die konstante Geschwindigkeit zu berechnen, auf die sich dieses Auto bei vorgegebener Motorkraft beschleunigen ließe.

Nun angenommen, ein beladenes Auto würde mit konstanter Geschwindigkeit beginnen, einen Berg hinab zu fahren. Auf Grund seiner Masse würde eine so große Abtriebskraft in Richtung Tal wirken, dass das Auto zunehmend schneller wird. Dabei würde nach kurzer Zeit die Abtriebskraft größer, als die Bremskraft des Motors. Die Folge: Der Motor „übertourt" und wird dadurch früher oder später beschädigt bzw. zerstört.

Die gleiche physikalische Gesetzmäßigkeit gilt auch für ein Pferd, egal ob mit oder ohne Reiter. Und wie beim Automobilbeispiel sind auch beim Pferd zwei Parameter „von Hause aus" vorgegeben: die ihm zur Verfügung stehende Kraft seines Motors Hinterhand sowie die gesamte zu bewegende Körpermasse. Beides sind unveränderliche Größen in einer Reitstunde. In deren Verlauf bringt ein Pferd in Intervallen von seiner Maximalkraft 0 bis 100% auf. Entsprechend dieser unterschiedlichen Kraftaufwände vermag es sich in den einzelnen Tempi auf unterschiedliche Geschwindigkeit zu beschleunigen. Das reiterliche Problem hierbei: Im Unterschied zu technischen Bereichen, wo Kraft, Masse und Beschleunigung präzise kalkulierbare Faktoren für die Beschreibung von Bewegungen sind, lässt sich beim Pferd die Geschwindigkeit, die seine momentane Kraft nicht überfordert, kaum berechnen; sie muss erfühlt werden. Trotzdem sagt die Gleichung voraus, dass auch für das dynamische System Pferd/Reiter die Geschwindigkeit seiner Vorwärtsbewegung nicht beliebig zu den Kräften seiner Hinterhand sein kann und darf. Konsequenterweise berücksichtigen das Reiter mit Durchblick von Reitstunde zu Reitstunde, in dem sie ihr „Vorwärts" der jeweils ausgebildeten Tragkraft der Hanken ihres Pferdes anpassen.

Wann spürt der Könner, dass er den Pferdemotor überdreht? Wenn keine Anlehnung zustande kommt, bzw. wenn die Anlehnung verloren geht. Liegt die Ursache dafür in der zu starken Beschleunigung, ist dann wie beim Auto auch beim Pferd die Zerstörung seines Antriebs nur eine Frage der Zeit. Und ein Pferd mit erlahmender Schubkraft von der Vorhand weg wieder in Selbsthaltung zu kriegen, ist ein mühsames Unterfangen mit äußerst unsicheren Erfolgsaussichten.

Hanken. Erst damit steht irgendwann am Ende aller biegenden Arbeit (und am Ende der Ausbildungsskala) das vollkommen gerade- und aufgerichtete Pferd – wenn es das überhaupt je gibt.

Aber lass' uns nicht gleich nach den Sternen greifen, sondern realistischerweise die Ziele anpeilen, die für Reiter wie dich und mich erreichbar sind. Und dazu gehören wenigstens die elementaren gerade richtenden Übungen.

Also dann, wie sieht's aus, hast du dir über die wahre Beschaffenheit des Rückens deines Pferdes unterdes Gewissheit verschafft? Denn danach musst du ab jetzt die Aufrichtung der Vorhand, deinen Sitz und das Tempo der Gangarten wählen.

Um dir das Zurückblättern zu ersparen, hier noch einmal zur Erinnerung: ***Den kompakten, eher starren Rücken*** löst du in freien Gangarten und in längeren Arbeitsintervallen, weil das die Rückenmuskeln zu erhöhter Tätigkeit anregt und ihnen ihre Verspannung nimmt, sodass sich das Rückgrat mitsamt der Halswirbelsäule mehr streckt. Danach nimmst du wieder ein verkürztes, versammelnderes Tempo auf. Diese Übungen wechselst du ab, bis sich die gewünschte Biegsamkeit einstellt. Dabei stellst du sehr bald fest, dass sich für die Arbeit in freien Gängen mehr der Galopp und für die versammelnde Arbeit mehr der Schritt und der Trab eignet. Zur Kontrolle strebst du immer wieder die Dehnungshaltung an.

Im Gegensatz zum starren Rücken versuchst du ***den weichen Rücken*** dadurch tragfähiger zu machen und zum Schwingen zu bringen, indem du im nach vorne verlagerten, entlastenden Remontesitz die Schubkraft in zwar fleißigen, aber nicht zu freien Gangarten gegen den tief eingestellten Hals wirken lässt. Bei schwach rückigen Pferden ist diese Stellung von Hals und Kopf umso wichtiger, je ungünstiger ihre Halsform ist. Solche Pferde neigen dazu, sich mit falscher Aufrichtung einerseits der lästigen Biegung der Halsmuskulatur zu entziehen, andererseits aber belasten sie sich durch die hohe Halsstellung, wie du ja unterdes weißt, selbst zu viel in der Lendenpartie. Hier gilt als absolut verbindliche Regel:

Für die richtige Rückentätigkeit ist die günstigste Stellung von Hals und Kopf die, bei der das Pferd seinen natürlichen Gang und seine Selbsthaltung wiederfindet.

Du weißt auch, wie schwierig es ist, einen von Natur aus ungünstig gebauten Rücken richtig zu belasten und ihn so zu kräftigen, dass er die Verbindung zwischen Hinterhand und Vorhand in möglichst perfekter Form herstellt. Das nur schwer in den Griff zu bekommende Problem dabei: Einerseits reduziert jede Überbelastung der Lendenpartie die Schubkraft, andererseits veranlasst eine zu geringe Belastung die Hinterhand nicht genügend zum Tragen. Und das wiederum steht dann im weiteren Ausbildungsverlauf auf Grund fehlender Anlehnung und nicht ausreichenden Versammlungsmöglichkeit auch einer Aufrichtung der Vorhand im Wege.

Ein weicher Rücken kann mit der Zeit durch eine kräftig bemuskelte Hinterhand unschädlich gemacht werden, ein starrer Rücken kann – sofern er mit einer stark bemuskelten Hinterhand verbunden ist – auf Dauer zusammen mit ihr biegsam werden; in Verbindung mit schwachen Hanken aber ist er nicht zu knacken.

„Die Hinterbeine sind der eigentliche Motor der Fortbewegung", heißt es zu Recht. Mit anderen Worten: Schnelligkeit, Ausdauer und Gewandheit hängen in erster Linie von der Kraftentfaltung der Hinterbeine ab. Diese Kraftentfaltung ist ihrerseits abhängig von der Winkelung der einzelnen Knochen zueinander und natürlich vom Muskelpotential. Mit Hilfe gut gewinkelter, kräftiger Hinterbeine lässt sich mancher Gebäudefehler ausgleichen. Allerdings passen auch hier Pferde nicht in eine Schablone: Temperament, angeborene Elastizität und eine überdurchschnittliche Mitmachbereitschaft können oft scheinbar mangelnde Kraft ersetzen.

Ohne detailliert auf die theoretische Darstellung einer perfekten Hinterhand einzugehen, empfehle ich dir pauschal, steile Hinterhände zu meiden, wie der Teufel das Weihwasser. Wegen ihrer zu stumpfen Winkel können sie trotz all deiner gerade richtenden Bemühungen weder Tragkraft noch Schwung entwickeln. Ein Pferd mit steiler Hinterhand wird also nie in der Lage sein, ein Feuerwerk an Bewegungen zu zünden. Ob nun perfektes oder weniger perfektes Hinterbein – eines gilt immer:

Die Hauptkräfte zum Stützen und Fortbewegen des ganzen Pferdekörpers stecken in den Hanken.

Daraus ergibt sich konsequenterweise die Hauptaufgabe der Dressurausbildung: die Beugefähigkeit der Hanken. *Eine kräftige Hanke zu beugen ist aber keine einfache Sache.* Das hat sie mit einem kräftigen Rücken gemeinsam. Ihren natürlichen Kräften entsprechend setzt auch sie der verlangten Beugung erheblichen Widerstand entgegen. Und denk' nicht, dass du diesen Widerstand mit purer physischer Kraft überwinden könntest. Zwar kannst du vielleicht mit roher Gewalt den Rücken deines Pferdes verbiegen (und dabei „auf Biegen und Brechen" Sprung- und Fesselgelenke gleich mit ruinieren), aber nicht die Hankengelenke beugen. Das geht ausschließlich mit schrittweiser Längsbiegung der gesamten Wirbelsäule. Und vor allem mit reiterlichem Feingefühl für die kräftemäßige Belastbarkeit von Rücken und Hinterhand.

Bei der Fähigkeit, die Hanken eines Pferdes zu beugen, trennt sich denn unter Reitern auch die Spreu vom Weizen. Die tägliche Praxis in den Reithallen meines Gesichtsfeldes (und sicher nicht nur dort) zeigt, dass den meisten spätestens an diesem Punkt Grenzen gesetzt sind. Wenn überhaupt, beugen sie unbewusst mit gewaltsamer Versammlung allenfalls das Sprung- und Fesselgelenk.* Dabei wären sie gut beraten, ihr Pferd gewaltlos „nur" so weit gerade zu richten, dass es lernt, sich in allen Gangarten mit gleichmäßiger Belastung von Vor- und Hinterhand im Gleichgewicht zu bewegen. Selbst diese einfache Gebrauchshaltung ist schon ein Ergebnis, das zur Festigung und Vertiefung des „Sich-selbst-tragens" und der Durchlässigkeit gelegentlich von einem Könner per Nacharbeit mit stärker versammelnder Einwirkung überprüft werden sollte. Und unter uns gesagt: Wenn du keine Turnierambitionen hast, ziehe ich meinen Hut vor dir, wenn du auf weitere Versammlung (für die eine Hankenbeugung allerdings unerlässlich ist) verzichtest und dich mit dem Grundschulabschluss deines Pferdes zufrieden gibst.

* Diese beiden Gelenke sind wesentlich schwächer als Hüft- und Kniegelenk und können sich deshalb nicht so lange „wehren". Außerdem ermüden die relativ unbemuskelten Sprunggelenke mit ihrer „Spannsägenkonstruktion" kaum und geben somit dem Reiter auch keinen Hinweis auf Überforderung.

Würde sich auf Kreisturnier-Ebene die Mehrzahl der Reiter mit ihrem Pferd in der auf Seite 97 abgebildeten Weise präsentieren, wäre das ein sensationelles Ergebnis und ein großartiger Beweis von Einsicht. Ich fürchte aber, dass diese klugen Bescheidenen kaum je die Mehrheit bilden. Erst recht nicht in Zeiten, die ganz allgemein auf

Höchstleistung getrimmt sind. Da wächst auch im Reitsport die Zahl jener Ehrgeizlinge, die es ihrer Umgebung in kürzester Zeit zeigen wollen. Ohne Gespür für das, was sie anrichten, versuchen sie verbissen und unter allen Umständen, ihr Pferd „zusammenzustellen" und „auf's Hinterbein zu setzen".* Wobei sie eben allzu oft nichts weiter zuwege bringen, als mit übertriebener Versammlung und von Hand erzwungener Aufrichtung die Schubkraft ihres Pferdes noch vor Entwicklung der Tragkraft zunichte zu machen. Am ehesten ist dabei dann das Sprunggelenk gefährdet. Ein Kunstwerk, das Mutter Natur aus sieben einzelnen kleinen Knochen zusammengesetzt hat und von dem die Haupttätigkeit sowohl der Schubkraft, wie auch der Tragkraft ausgeht. So genial das Sprunggelenk auch für seine Aufgabe konstruiert ist – bei falschem Gebrauch leidet es am meisten: Kein anderes Gelenk ist so anfällig für eine Vielzahl von Macken. Angefangen von Spat, über Hasen- und Piephacke bis zu Rehbein und Gallen.** Eigentlich leuchtet die hohe Verschleißanfälligkeit des Sprunggelenkes bei kurzem Nachdenken sofort ein: Wenn alle stärkeren Biegungen und Anstrengungen der Hinterhand nicht von den oberen beiden, viel kräftigeren Gelenken aufgefangen, besser gesagt, abgefedert werden, muss das Sprunggelenk diese Arbeit allein übernehmen. Für eine derartige Belastung ist es auf Dauer nicht konstruiert. Nicht von ungefähr kommt die Erkenntnis: „Die Springpferde gehen vorne kaputt und die Dressurpferde hinten." Die häufigsten Gründe für eine Schädigung der Spunggelenke sind übrigens gewaltsame Aufrichtung der Vorhand und harte Paraden. Vor allem aber Gangarten in schiefer Richtung des Pferdes! Auch deshalb gibt es auf der Ausbildungsskala die Stufe „Geraderichten". Und um die zu erreichen, bist du in jedem Fall auf ein gewisses Maß an Beugung der Hanken angewiesen.

* Wie erwähnt, geben die zahllosen Katalogfotos von künstlich aufgerichteten jungen Auktionspferden hierzu auch noch ein denkbar unglückliches Vorbild ab.

** Du bist also gut beraten, wenn du beim Kauf eines Pferdes das Sprunggelenk einer ganz besonders gründlichen Prüfung unterziehst. Zur Sicherheit mit Hilfe eines Tierarztes.

Weil die Wirbelsäule in erster Linie von den Hinterbeinen gestützt wird, entsteht der Widerstand, den dein Pferd beim Biegen seines Körpers entgegensetzt auch zumeist in den Hinterbeinen. Aber mit den Längsbiegungen, verfügst du ja über das Mittel, die Hinterbeine stärker zu arbeiten. Und wie gesagt, primär in der Bewegung (im „Vorwärts") und zunächst jedes einzeln als inneres. Weißt du noch: ***Nur im Vorwärts hast du per Anlehnung die Kontrolle über die Schubkraft und damit den Maßstab, wie stark du belastend auf die Hinterhand einwirken darfst.*** Dass bei zu starkem Versammeln sofort die Gefahr besteht, den Gang zu behindern, ***weil sich die Gelenke nach der Beugephase nicht wieder völlig strecken können, sondern sich*** *zusammengedrückt mühsam weiter unter ihrer Last fortbewegen,* hast du ja inzwischen verinnerlicht.

Jetzt kommen dir wieder deine schon erzielten Ergebnisse in Sachen ***Losgelassenheit*** und ***Anlehnung*** zugute – wenn sie denn echt sind:* Je leichter deinem Pferd die bis jetzt erarbeitete Gebrauchshaltung fällt, je elastischer seine Wirbelsäule dabei schwingt, desto feiner und effektiver bist du in der Lage, auf das einzelne Hinterbein einzuwirken. Wobei die Gymnastizierung der Hinterhand und des Rückens ja schon seit der Dehnungsphase so eng miteinander verbunden ist („...das Pferd ist ein Ganzes"), dass du sie überhaupt nicht getrennt von einander bewerkstelligen kannst.

** Nochmal: Wenn die Verbindung Reiterhand-Pferdemaul keine federnde ist, ist es auch kein echte Anlehnung.*

Im Gegensatz zu der relativ geringen Beugung der Hinterhand, wie sie für die Gebrauchshaltung des Freizeitpferdes genügen mag, erreichst du jetzt mehr Hankenbeugung bzw. vermehrte Tragkraft der einzelnen Hinterbeine nur durch Reiten auf dem Zirkel und anderen gebogenen Linien auf zunächst noch einfachem Hufschlag. *Sinn macht das allerdings nur, wenn Hals- und Rückenwirbelsäule wirklich schon so biegsam sind, dass sie einen identischen Segmentabschnitt der gebogenen Linie annehmen können.* Denn:

Nur, wenn dein Pferd in der Lage ist, sich auf einer Kreislinie entsprechend dieser Linie in seiner Wirbelsäule zu biegen wird auch sein inneres Hinterbein gebeugt!

Bei der überwiegenden Anzahl der Pferde ist es tatsächlich das rechte Hinterbein, mit dem sie nur widerwillig vorwärts und in gerader Richtung ihres Schwerpunkts unter ihren Leib treten. Viel lieber weichen sie mit diesem Hinterfuß einerseits nach rechts seitwärts aus und neigen andererseits zum Wegdrängeln über die diagonal gegenüberliegende Schulter (im vorliegenden Fall also der linken) sowie zu einer nach außen gewölbten linken Halsseite. So einen Schiefling beginnst du gerade zu richten, indem du – auf der rechten Hand reitend – seine linke Schulter mit tiefer geführtem linken Zügel begrenzt und die Vorhand mit dem rechten, leicht vom Hals abstehenden Zügel nach rechts führst. Mit dieser ersten Stellung, die dein Pferd kennen lernt, dem gleich noch näher beschriebenen *„Schultervor"*, richtest du den rechten Vorderfuß so vor das rechte Hinterbein, dass sich das im derzeitigen Ausbildungsstadium noch auf einfachem Hufschlag gehende Pferd stets mit seiner Längsachse der abzuschreitenden (geraden oder gebogenen) Hufschlaglinie anpasst und die Hinterbeine mit Spurdeckung folgen.* Beide Schenkel (der rechte etwas stärker) treiben in lebhaftem Arbeitstrab an den rechten Zügel heran, denn dem will ja das Pferd durch Ausfallen auf die linke Schulter ausweichen. Dabei gilt:

Während deiner ganzen gerade richtenden Arbeit sind Losgelassenheit und Anlehnung unverzichtbar!

Dazu muss man einem Pferd zuerst die beiden Eckpfeiler nehmen, an denen es sich festmacht. Bei einem zum Beispiel von rechts nach links schiefen Pferd sind das der rechte Hinterfuß und die linke Schulter.

„Das schafft man", verspricht uns Altmeister Seunig „mit geduldigem Sitz und frischem Arbeitstrab auf dem Zirkel und linker Hand in zehn bis sechzig Minuten bei jedem jungen Pferd und sei es so schief, wie der Turm von Pisa".

Und zwar so: Der linke Zügel, auf den sich die ausfallende Schulter über den Umweg „linke Ganasche und Maul" stützen möchte, bleibt ganz locker und der rechte Zügel weich aber beharrlich am Maul – selbst auf die Gefahr hin, dass du lange Intervalle mit nach außen gestelltem Kopf reitest. Dabei treibt der linke Schenkel knapp hinter dem Gurt die Hinterhand zirkelerweiternd – eben mit dem Zweck, die rechte Schulter vor das ausfallende rechte Hinterbein zu bringen.

Unter Umständen keine leichte Arbeit, aber das erste Kopfschütteln deines Pferdes belohnt all deine Anstrengungen, denn es signalisiert dir „Tauwetter im Genick".

Das Gegenteil ist das Verwerfen im Genick – eine weitere Schikane während des Geraderichtens. Daran zu erkennen, dass das Pferd die Ohren ungleich hoch trägt, weil eine Ohrspeicheldrüse unter, die andere über den Ganaschenrand rutscht. Der tiefere Grund dafür ist das ungleichmäßige Herantreten der Hinterbeine. Eine Symptomkur, wie zum Beispiel das Höherführen einer Hand, hilft da nicht. Das richtige Rezept ist, dein Pferd zunächst in fleißigem Arbeitstrab zu lösen, um es dazu zu bringen, sich zu dehnen.** Dann schließt du vorsichtig den Winkel Kopf-Hals wieder so weit, dass beide Ohrspeicheldrüsen entweder unter oder über die Ganaschenränder rutschen.

** Eine Einschränkung erfährt das Prinzip der Spurdeckung bei Übungen auf einfachem Hufschlag erst in einem wesentlich fortgeschritteneren Ausbildungsstadium insofern, als zur Erzielung einer vollkommenen Rückenwölbung und Versammlung das ganz nahe Neben- und Voreinandertreten der Hinterbeine erforderlich ist, sodass dann bei einem entgegenkommenden Pferd in dieser Ausbildungsstufe der äußere Hinterfuß zwischen den Vorderbeinen zu sehen ist.*

*** Einmal mehr stößt du auf die Bedeutsamkeit der Dehnungshaltung.*

Man teilt übrigens die Arbeit des Gerade- und Aufrichtens in drei Zeit- bzw. Ausbildungsabschnitte mit jeweils gesteigertem Versammlungsgrad ein: Teil 1 gilt den Längsbiegungen der gesamten Wirbelreihe im „*Schultervor*". Hier geht es um die eben erwähnte Biegung des einzelnen inneren Hinterbeins auf einem Hufschlag. Wobei insbesondere auf gebogenen Hufschlaglinien das innere Hinterbein stärker belastet und dadurch stärker gebeugt wird. Näheres dazu in Kapitel 12.

In Teil 2 geht's im Prinzip um die gleiche Aufgabe. Die gerade richtende Arbeit wird jedoch in Anforderung und Wirksamkeit dadurch gesteigert, dass das Pferd jetzt auf zwei Hufschlägen gebogen wird. Das schauen wir uns dann in Kapitel 13 genauer an.

Bei Teil 3, dem gleichzeitigen Beugen beider Hinterbeine durch stärker biegende Belastung, wie es beispielsweise mittels Piaffe und Passage überprüft wird, ziehe ich mich dann geschickt aus der Affäre. Erstens, weil es zur weiteren Erklärung der Ausbildungsskala keine grundsätzlich neuen physikalischen Erkenntnisse und Pflichtübungen mehr gibt, denn Versammlung und Aufrichtung erfahren in diesem Teil lediglich durch Zuwachs von Kraft und Biegsamkeit weitere Steigerung. Und zweitens, weil Reiter wie du und ich das nicht unbedingt können müssen. Und falls doch, gibt es drittens dafür ausgezeichnete Abhandlungen in diversen Reitlehren. Und selbstverständlich auch diverse ausgezeichnete Reitlehrer. Man muss sie nur suchen und finden. Ach ja, richtig: und sie bezahlen können natürlich auch.

Kurz&bündig

Geraderichten

Geraderichten ist die Summe aller Einwirkungen, die ein Reiter anwendet, um bei seinem Pferd den Zustand der natürlichen Schiefe zu beseitigen. Nur ein gerade gerichtetes Pferd ist in der Lage, unter seinem Reiter Kraft und Wendigkeit auf beiden Händen gleichmäßig zu entwickeln. **Wobei Geraderichten nichts mit der lineraren Geradheit der Wirbelsäule zu tun hat, aber alles mit ihrer geschmeidigen Biegsamkeit.**
Erst das gerade gerichtete Pferd ist vollkommen im Gleichgewicht und verfügt damit über eine sichere Selbsthaltung. Ohne Geraderichten gibt es keinen ungehindert von rückwärts nach vorwärts durch den Pferdekörper flutenden Schwung, keine wirkliche Durchlässigkeit und keine echte Versammlung. **Last but not least sorgt nur die gerade richtende Arbeit für endgültige Losgelassenheit des Rückens.**

Mit beginnender Versammlung auf dem Weg zur Beizäumung: *Die Reiterin präsentiert hier vorbildlich ihr zufriedenes vierjähriges Powerpaket (Westf. Stute von GAUDEAMUS) mit ruhig aushaltender Hand und feiner Verbindung zum Maul. Allerdings: Das harmonische Bild verrät nichts vom Zeit- bzw. Arbeitsaufwand, der nötig ist, um ein solches Ergebnis nicht nur für einen Schnappschuss, sondern konstant zu erreichen – als ersten Schritt auf dem Weg zum eigentlichen Ziel einer Sportpferdeausbildung: der successiven Umwandlung der Hinterhandtätigkeit von „roher" Schubkraft hin zur Tragkraft bzw. zur Selbsthaltung (siehe dazu nochmal S. 51!). Insbesondere bei Pferden, denen ein energischer Vorwärtsdrang als Erbteil mitgegeben ist, stehen weniger erfahrene Reiter in aller Regel vor einem Problem: Sie müssen über eine Einwirkung verfügen, die den kraftvollen Schub (bei dem den Sprunggelenken zunächst noch der Hauptanteil der Vorwärtsbewegung zufällt) soweit regelt, dass den Hanken eine vermehrte Lastübernahme nicht nur zugewiesen, sondern überhaupt möglich wird. Dazu ist vom Reiter ein Tempo zu suchen bzw. zu bestimmen, bei dem den angespannten Muskelgruppen der Hanken auch genug Zeit zum kompletten Abspannen bleibt. Nur ein derart ausgewogenes Gangmaß führt zur Basisforderung der Ausbildungsskala – zum Beginn der Losgelassenheit.*

Die besondere Schwierigkeit dieser Aufgabe ist physikalischer bzw. physischer Natur: Erfolgt das Vorwärts nicht nur primär aus den Sprunggelenken heraus, sondern verteilt auf alle drei großen Gelenke der Hinterhand, stellt sich im dynamischen Kräftesystem Pferd/Reiter eine veränderte Gleichgewichtssituation nach rückwärts ein. In dieser Phase verspürt dann so gut wie jedes junge oder wenig gymnastizierte Pferd ein ungewohntes, unbequemes und anstrengendes Ziehen in seinem gesamten Streckmuskelsystem. Um dem zu entgehen, neigen so gut wie alle Pferde reflexartig zu einer mehr oder weniger deutlichen Eilreaktion, insbesondere in Wendungen. Dabei bewegen sie sich dann zwangsläufig wieder so, wie sie das ohne Reiter gewohnt sind: Sie steifen ihre Hanken und werden von ihrer Schubkraft mehr oder weniger aus dem gerade mühsam erworbenen neuen Gleichgewicht erneut auf die Vorhand getrieben, wobei natürlich auch wieder das Gangmaß verloren geht, das zur Losgelassenheit führen würde. Obendrein binden sie nicht selten mit festem Genick die Reiterhand als "fünftes Bein" zur Gleichgewichtsstütze.

In dieser Situation kann der Ausbilder alle weiteren Gymnastizierungsbemühungen vergessen! Zunächst muss er es schaffen, das Davoneilen abzufangen um die Hanken wieder zur Mitarbeit zu bewegen. Ein Job, der um so schwieriger wird, je größer der Energiegrad der Hinterhand des Pferdes ist. Um nun das Grundtempo wiederherzustellen, mit dem er sein Pferd wieder "weg von der Hand" bekommt, werden in kurzer, schneller Folge mehr oder weniger deutliche temporeduzierende Hand-, Sitz- und Schenkeleinwirkungen nötig. Und genau bei diesen halben Paraden, die ja automatisch mehr oder weniger versammelnder Natur sind, beginnt die reiterliche Kunst: Sie setzt nicht nur das Erkennen der dem Pferd zumutbaren Dosis temporegulierender Einwirkungen voraus, sondern auch einen Reiter, der die notwendigen halben Paraden so anbringt, dass nicht auf Dauer mit zu viel rückwärts gerichteter Handeinwirkung der natürliche Gang des Pferdes behindert wird! Hat es so ein Könner nach wochen- oder monatelanger "Behandlung" des geschilderten Problems geschafft, die Schubkraft seines Pferdes so weit auszubilden, dass auch bei treibender Einwirkung sein Gleichgewicht nicht mehr gefährdet ist und das Gangmaß bestimmbar bleibt, wird die Verbesserung der Tragkraft über weitere Versammlungsgrade ihre Fortsetzung finden.

Da das federnde Zusammenwirken von Sprung-, Knie- und Hüftgelenksmuskulatur in dieser Ausbildungsphase erst beginnt, halten sich Schwung und Anlehnung derzeit naturgemäß noch in Grenzen. Für die Reiterin im Bild oben ist dennoch bereits beides in Ansätzen unter dem Sattel fühlbar: Sie kommt auf einem weichen Rücken zum Sitzen und ist in der Lage, ihr leichtfüßig in Selbsthaltung gehendes Pferd immer solider an ihre aushaltende Hand bzw. an das Gebiss heranzutreiben, was dann kurz über lang Beizäumung bzw. Nachgiebigkeit des Genicks, federnde Anlehnung und – last but not least – wachsendes Vertrauen des Pferdes zum Ausbilder nach sich zieht.

11 Keine Nachlässigkeit bei der Durchlässigkeit

In den letzten beiden Kapiteln ist dir ein Begriff begegnet, der mir eigentlich in der Ausbildungsskala fehlt: „Durchlässigkeit". Was fällt dir spontan dazu ein? Mir das: Oft zitiert, viel zu selten erreicht! „Wieso?" wirst du jetzt fragen, „was hat Durchlässigkeit mit der Ausbildungsskala zu tun?" So gut wie alles: ***Die Durchlässigkeit ist ein Effekt, der sich bei korrektem Beachten der Gesetzmäßigkeiten der Ausbildungsskala quasi von selbst ergibt. Sie ist damit eine Bestätigung für die Richtigkeit deiner Arbeit.***

Dazu musst du zunächst wissen: Dein Pferd kann losgelassen sein, ohne vollkommen durchlässig zu sein – was bei einer Remonte bzw. zu Beginn der Grundausbildung die Regel ist. Ist es aber durchlässig, ist es zwangsläufig auch losgelassen und zwar in der höchsten Versammlung, die an die Spannkraft der Muskeln hohe Anforderungen stellt, ebenso, wie bei weniger versammelter Haltung. Das erlaubt folgenden Rückschluss: Ist dein Pferd durchlässig, geht es auch vorwärts, denn es lässt widerstandslos deine treibenden Hilfen durch. Die Bestätigung dafür bekommst du, in dem es willig das Gebiss annimmt. Das heißt, es tritt mit nachgiebigem Genick (also in Beizäumung) ans Gebiss heran, um sich federnd daran abstoßen zu können.*

* Was – du hast es natürlich sofort erkannt – nur die Umschreibung für „Anlehnung" ist.

Wenn wir schon beim durchlässigen „Vorwärtsgehen" sind, ist ein kurzer Exkurs zum „Rückwärtstreten" nur konsequent, weil das korrekte Rückwärtstreten mit Vorwärtsgehen und damit wieder mit Durchlässigkeit zu tun hat. So unglaublich das zunächst auch klingt; ich werde es dir beweisen. Allerdings würde ich mir diesen Ausflug am liebsten schenken, denn er führt mich erneut einige Augenblicke in die klassische Reitlehre. Aber da wie gesagt die Rückwärtsbewegung als gymnastische, ***versammelnde*** Übung mit den bisher angesprochenen Inhalten der Ausbildungsskala in direktem Zusammenhang steht, kann ich mich nicht gut davor drücken und werde sie erklären, wie ich sie im Laufe der Jahre begriffen habe.

Grundsätzlich gilt: Junge Pferde treten nicht gerne rückwärts, weil diese Bewegungsart ihrer Natur widerstrebt. Darum ist es ratsam, ihnen erst einmal an der Hand die ungewohnte und weiche Abstimmung von Rumpf- und Beinbewegung begreiflich zu machen. Nach dieser vorbereitenden Arbeit bequemen sich die meisten Pferde dazu, bei entlastendem Sitz* und vorsichtiger Einwirkung der tiefer gestellten Hand einige Tritte mehr oder weniger gerade zurückzutreten. Wenn dabei die Vorderfüße Schleifspuren in den Sand ziehen, ist das ein Hinweis, den du nicht lange ignorieren und schon gar nicht tolerieren darfst: Das Pferd tritt nicht aus gebeugten Hanken zurück, sondern schiebt sich mit den Vorderbeinen zurück. Wird dieser Zustand zur Regel, zeigt diese Übung, die ja letztlich der Nachweis für eine korrekte, durchlässige Gymnastizierung ist, dass du genau das nicht geschafft hast. Um also das fehlerhafte Füßeschleifen nicht einschleifen zu lassen, musst du die komplexe Lektion „Rückwärtsrichten" in ihren Einzelheiten verstehen.

Als Erstes das: ***Hüte dich davor, mit dem Rückwärtsrichten zu beginnen, ehe dein Pferd eine ganze Parade** ohne Gegenwehr durchlässt.*** Denn genau genommen ist das Rückwärtsrichten die Fortsetzung einer ganzen Parade nach rückwärts. Mit dem Unterschied, dass die annehmenden und nachgebenden Zügelhilfen beim Rückwärtsrichten noch deutlicher durchkommen müssen, als bei der ganzen Parade. Leicht einzusehen, dass die Übung „Rückwärtsrichten" erst dann von Nutzen ist, wenn ein so hoher Grad an Durchlässigkeit und an-den-vortreibenden-Hilfen-stehen erreicht ist, dass auch während der Rückwärtsbewegung des Pferdes die stete Bereitschaft zu widerstandslosem Vorwärtsgehen vorhanden ist.

Der „technische Ablauf" des Rückwärtsrichtens ist der: Die Fußfolge erfolgt im diagonalen, klar erkennbaren Zweitakt, genau wie im Trab, nur ohne dessen Schwebephase. Deshalb können die Tritte nach rückwärts niemals ihre volle Länge erreichen, weil ja der Hinterhuf derselben Seite erst zurücktritt, nachdem der Vorderhuf schon aufgefußt hat, Letzterer also den Platz des Ersteren nicht frei findet. Das klingt kompliziert, aber glaub' mir, für das Pferd ist das noch viel komplizierter. Vielleicht findet es auch deshalb an dieser Lektion anfangs keinen Gefallen.

Die Hilfengebung beim Rückwärtsrichten sieht so aus: In dieser Lektion muss das Pferd in Versammlung stehen. Dann gibst du dieselben Gewichts- und Schenkelhilfen wie beim Anreiten nach

** Da ist er wieder gefragt, der Remontesitz*

*** Klar, das ist die zum Halten. Aber: Bevor dein Pferd der ganzen Parade auf Anhieb folgen kann, muss es erst gelernt haben, der halben Parade zu folgen. Dabei treibst du mit einseitiger Einwirkung von Schenkel, Hand und Sitz erst jedes Hinterbein einzeln in Richtung Schwerpunkt. Zum Beispiel sorgst du mit dem inneren Schenkel dafür, dass das innere Hinterbein untertritt. Mit der Verlagerung deines Gewichts nach innen hältst du es belastet (also gebeugt) und mit dem durchhaltenden inneren Zügel hältst du es fest. Genauso verfährst du nach Handwechsel mit dem anderen Hinterbein. Du hältst also zunächst immer nur ein untergetretenes Hinterbein in dieser Position. Erst wenn du nach und nach auf diese Weise beide Hinterbeine so weit biegsam gemacht hast, dass sie (wieder mit Hilfe deiner vortreibenden Sitz- und Schenkeleinwirkung) gegen beide durchhaltenden Zügel gleichzeitig vorgetrieben und von ihnen in untergetretener Position festgehalten werden können, ohne dass sie jetzt der biegenden Belastung nach rückwärts ausweichen wollen, kannst du von einer korrekten ganzen Parade sprechen.*

vorwärts. In dem Augenblick aber, in dem sich ein Hinterbein hebt, wirken die Zügel so weit annehmend, dass dieses und das diagonale Vorderbein nach rückwärts statt nach vorwärts gesetzt werden. Im gleichen Moment muss der rückwärts wirkenden Zügelhilfe die nachgebende folgen. Diese Hilfen wiederholst du so oft, wie die vorher von dir bestimmte Trittzahl beträgt.

Was sagst du, wozu sollten du und dein Pferd sich mit Rückwärtsrichten quälen, wo ihr doch gar keine Turniere gehen wollt? Also, ich denke, quälen wirst du dein Pferd mit Rückwärtsrichten nur dann, wenn sein Genick noch festsitzt, wenn du also bei ihm noch keine Durchlässigkeit erzielt hast. Übst du mit ihm das Rückwärtsrichten, wenn die Beizäumung noch fehlt, kann es tatsächlich eine erstaunliche Trickkiste von Möglichkeiten aufmachen, um sich den noch nicht ganz durchkommenden Hilfen, die seinem Gangmechanismus zuwiderlaufen, zu entziehen.

Ganz anders ist der Effekt des Rückwärtsrichtens auf Haltung und Versammlung eines ausreichend gymnastizierten Pferdes! Da siehst du kein Zurückkriechen mit den Boden pflügenden, weil belasteten Vorderbeinen. Und ebenso wenig, dass einzig die Sprunggelenke hochgehoben werden, die Hanken insgesamt aber steif bleiben (zu diesem viel zu häufigen Ergebnis mangelhafter Versammlung kommen wir gleich im anschließenden Kapitel). Stattdessen überzeugt eine gymnastische Übung, bei der die Hinterbeine in allen drei Gelenken gebeugt sind. Dabei ist der aus gesenkter Hinterhand und federndem Rücken an Sitz und Hand herangedehnte Pferdekörper wie eine Sprungfeder gespannt, um bei der leisesten vorwärts treibenden Aufforderung mit unveränderter Haltung wieder flüssig vorwärts zu gehen. Und zwar ohne dass der Reiter dabei zurück oder vor bewegt wird!

Diese Übung nennt man „Schaukel". Sie ist eine olympische Prüfungsaufgabe, die ein Höchstmaß an Durchlässigkeit und Geschmeidigkeit verlangt, damit sie wirklich flüssig wirkt.

Ich gestehe unverzüglich, dass ich selbst, dadurch, dass ich immer eher dem Springreiten zugeneigt und auch da kein Olympionike war, diese hohen Dressur-Weihen nie erreichte. Dennoch gestatte ich mir eine Meinung über Reiter, die das Rückwärtsrichten allen Ernstes als lösende Lektion betrachten. Du denkst, ich übertreibe? Dann mach dir die kleine Mühe und beobachte daraufhin deine reitende

Umgebung mal etwas genauer. Du wirst mir bald bestätigen, dass es von dieser Sorte mehr gibt, als du zunächst angenommen hast.

Offen gesagt fällt es mir auch schwer, einen Sinn darin zu erkennen, warum von gerade mal vierjährigen Pferden in Dressurpferdeprüfungen schon das Rückwärtsrichten verlangt wird. Ich denke, damit ist eine Neigung zum Pfuschen in der Grundausbildung geradezu vorprogrammiert. Zwar bringt die moderne Pferdezucht immer rittigere Sportpferde hervor, dennoch bleiben auf Turnieren Vierjährige, die sich schon so gymnastiziert und durchlässig präsentieren, dass sie das Rückwärtstreten ohne Quengeleien ausführen, die Ausnahme von der Regel.* Andererseits ist es sicher richtig, dass keine andere Übung so gut geeignet ist, dich das in-Übereinstimmung-bringen von annehmenden Zügelhilfen und passiv aushaltender Kreuzeinwirkung mit postwendendem Nachgeben der Hand und wieder vortreibender Sitzhilfe zu lehren.

* *Insbesondere dann, wenn sie erst im Spätherbst oder Winter vor ihrem 4. Lebensjahr angeritten wurden.*

Nur die korrekt erarbeiteten Stufen der Ausbildungsskala führen zur Durchlässigkeit. Bei ihr Nachlässigkeit in der Beurteilung walten zu lassen, wäre ziemlich töricht, weil es zeigt, dass die Gesetzmäßigkeiten der Ausbildungsskala nicht verstanden wurden.

Fazit: *Durchlässigkeit ist dann vorhanden, wenn einerseits Schub und Schwung der Hinterhand voll gegen die Vorhand, andererseits die annehmenden, verwahrenden und durchhaltenden Zügelhilfen ohne Genick-Widerstand voll auf die gleichseitigen Hinterbeine wirken.*

Und just das wird eben leider viel zu selten erreicht.

Natürlich fragst du dich und mich jetzt, wie du mit deinem Pferd dieses Stadium des Geradegerichtetseins schaffst – was uns zu den drei letzten Stufen der Ausbildungsskala und somit zu den längst fälligen Details biegender Lektionen bringt.

Kurz&bündig

Durchlässigkeit

Durchlässigkeit ist die Bereitschaft und die Fähigkeit des Pferdes, auf vortreibende, seitwärts treibende und verhaltende Hilfen widerstandslos einzugehen. Oder anders gesagt: verhaltende Hilfen von vorne nach hinten und treibende Hilfen von hinten nach vorne sowie in seitlicher Richtung durchzulassen. Ebenso, wie Losgelassenheit fast unmerklich aus ihrer Vorstufe (und Vorbedingung!) der Zwanglosigkeit entsteht, geht aus der Losgelassenheit und mit Hilfe des bis zu den Kaumuskeln durchgängigen Schwungs und der gerade richtenden Biegearbeit die Durchlässigkeit hervor.

12 Die Grundausbildung am Wendepunkt

Im Bemühen, die Hinterbeine deines Pferdes gerade „unter seinen Bauch" zu kriegen, kommen wir jetzt zu den Wendungen und den dazu unerlässlichen ersten Biegungen. Bevor wir uns aber durch die Details wühlen, rufen wir uns noch einmal das Bewegungsgesetz in Erinnerung, mit dem wir schon in Kapitel 4 konfrontiert wurden. Wie war das noch: Die Körperrichtung des Pferdes bestimmt die Linie, auf der es sich bewegt. Es muss dir in Zukunft in Fleisch und Blut übergehen, bei jeder Wendung zu fühlen, ob deine gerade richtende Arbeit dein Pferd schon so biegsam gemacht hat, dass du die jeweils gewünschte Linie ***nur durch deine Gewichtsverlagerung, also ohne „Ziehen" am inneren Zügel*** einhalten kannst. Und auch das noch einmal, obwohl es wie die Weisheit der Binsen klingt: ***Die Vorhand gibt die Bewegungsrichtung an und die Hinterhand besorgt den Antrieb.*** Je genauer du dabei die Vorhand auf die Hinterhand eingerichtet hältst, desto perfekter bilden sich mit der Zeit Gang und Haltung des Pferdes aus. Der Umkehrschluss daraus macht das Problem der natürlichen Schiefe und zugleich den Sinn der gerade richtenden Arbeit klar: ***Jedes Abweichen der Vor- oder Hinterhand von ihrer gemeinsamen Richtung wirkt sich nachteilig auf Gang und Haltung deines Pferdes aus!***

Ein Abweichen von einer einmal eingeschlagenen Richtung kann entweder von der Vorhand oder von der Hinterhand oder von beiden gleichzeitig ausgehen. So weicht beispielsweise beim Abwenden nach rechts die Vorhand nach rechts und die Hinterhand gern nach links von der ursprünglichen Linie ab. Je nach Lage des Schwerpunktes im Pferd stützt es sich beim Richtungswechsel bzw. beim Abwenden mehr auf die Vorder- oder Hinterbeine, wobei logischerweise der jeweils stärker belastete Teil weniger beweglich ist und deshalb auch beim Wenden weniger mitwirkt. Unter diesem Aspekt unterscheidest du Wendungen ***entsprechend der Lage des Schwerpunkts: um die Vorhand, im Gleichgewicht und um die Hinterhand.***

Bei der Wendung um die Vorhand liegt der Schwerpunkt vorn und die Vorderbeine bilden die Stütze, um die sich die weniger belastete, aber beweglichere Hinterhand wie um eine Achse dreht. Und zwar so viel, wie für die beabsichtigte neue Gangrichtung erforderlich ist.

Bei der Wendung im Gleichgewicht (zum Beispiel beim Durchreiten einer Ecke) ***liegt der Schwerpunkt in der Mitte*** des Pferdes und die Vorhand ist durch die Hinterhand genügend entlastet, um eine neue Richtung ***ohne Takt- und Gangstörungen*** einzuschlagen. Dabei bildet die Schwerpunktlinie praktisch die Achse, um die sich das Pferd dreht und die Hinterhand erhält – unter spurgenauem Folgen der Vorhand – das Gleichgewicht.

Bei der Wendung um die Hinterhand liegt der Schwerpunkt vermehrt auf der gebeugten, tragenden Hinterhand. Sie bildet die Achse, um die sich die entlastete Vorhand mehr oder weniger leicht drehen kann.*

Auf der Weide dreht sich ein Pferd aus Bequemlichkeit mehr auf der Vor- als auf der Hinterhand. Doch du kannst schon bei spielenden Jährlingen beobachten, wie geschickt sie auf engstem Raum blitzschnell ihre Vorhand um die unterstützende Hinterhand wenden. Und genauso schnell können sie im vollen Lauf ihre Bewegungsrichtung ändern, indem sie auf gebogenen Linien nach rechts oder links abwenden. Dabei nehmen sie die dazu nötige Biegung und Versammlung instinktiv an, weil sie spüren, dass sie sich auf diese Weise am besten vor Zerrungen oder anderen Verletzungen schützen.

Ganz anders verhält sich das auf der Vorhand gehende Pferd bei Richtungswechseln unter einem Reiter: Weil ihm Biegsamkeit und Versammlung fehlen, benutzt es beim Abwenden stets die belastete Vorhand als Stützpunkt. Die ganze Schwerfälligkeit eines solchen Pferdes wird auf engem Raum offensichtlich. Im Gegensatz dazu ist das weiter ausgebildete, gymnastizierte Pferd mit Leichtigkeit in der Lage, auf gebogenen Linien Takt und Tempo einzuhalten.

Hier schließt sich nun nach all den Zwischenbetrachtungen der Kreis wieder bei der Grundsatzproblematik, mit der wir das Kapitel 4 abgeschlossen hatten: Ein ungebogenes Pferd ist weder imstande, die Richtung „geradeaus" ohne Taktfehler und Gangverlust zu

* Diese Fähigkeit wird in Lektionen der Klasse „S" mit der Pirouette überprüft.

ändern, noch ohne sich dabei auf die Hand des Reiters zu stützen. Der ist dadurch genötigt, die Vorhand mit dem Zügel mehr oder weniger nachdrücklich in die gewünschte Richtung zu „ziehen“, was immer und ohne Ausnahme falsch ist. Bei einem biegsamen Pferd hingegen könnte er die Vorhand allein schon durch leichtes Verlagern des Gewichts und durch gefühlvolles Versammeln seitlich bewegen. Siehe dazu noch einmal Seite 100.

In „Wendung” steckt unübersehbar der Begriff „Gewandtheit”, und über diese Eigenschaft verfügt ausschließlich das biegsame Pferd. Bei ihm ist die seitliche Rippenbiegung über die gesamte Wirbelreihe hinweg erarbeitet. Das allerdings ist erst der Weg, nicht das Ziel. Denn:

Mit der Längsbiegung von Hals und Rücken schaffst du zwar Losgelassenheit, erstes Geraderichten, schwunghaften Gang, federnde Rückentätigkeit, Gleichgewicht und Selbsthaltung. Aber all diese respektablen Eigenschaften einer Gebrauchshaltung sind erst die Voraussetzungen für die „Reifeprüfung”: die Beugung der Hanken.

Nur dem gerade gerichteten Pferd ist es möglich, sich auf gebogenen Linien geschickt, leichtfüßig, und letztendlich mit Aufrichtung zu präsentieren. Diese Stufe der Ausbildungsskala ist nur zu erreichen, wenn du das Grundübel aller Gangbehinderung beseitigst: die steifen, „unbeugsamen” großen Gelenke der Hinterhand.

Und zwar wirklich alle drei: Hüft-, Knie- und Sprunggelenk!

Wenigstens die „primitiven” Wendungen um die Vorhand (die bei Pferden jeden Alters so lange Standard bleiben, wie sie noch nicht im Gleichgewicht bzw. in Selbsthaltung und Anlehnung gehen) wollen wir bei deinem Pferd zu Gunsten der Wendungen im Gleichgewicht wegarbeiten. Diese zweite Kategorie sollte zur Grundausbildung eines jeden Sportpferdes gehören. Dabei zeigt dein Pferd dann immerhin schon so viel Biegsamkeit, dass die Hinterhand der Vorhand korrekt auf einem Hufschlag bzw. – im weiteren Ausbildungsverlauf – sogar auf zwei Hufschlägen folgen kann.

Kategorie 3 der Wendungen, bei denen der Schwerpunkt so weit nach hinten verlagert ist, dass die tragende Hinterhand die Achse bildet, um die sich die Vorhand so weit dreht, wie zur Erreichung der neuen Gangrichtung nötig ist, ist einer so fortgeschrittenen Ebene der Reitlehre zuzuordnen, dass sie aus dem Rahmen unserer Betrachtungen fällt. Denn ganz abgesehen davon, dass ich ja keine Reitlehre verfassen, sondern die physikalische Basis der Ausbildungsskala beleuchten will, geriete ich mit der korrekten Darstellung vielleicht auch in Erklärungsnot. Aber eines weiß ich ganz sicher: Die Oberstufe der Wendungen erreichen nur die, die bereit sind, bei ihrer gerade richtenden Arbeit die Unterstufe nach den Gesetzen der Ausbildungsskala zu erarbeiten. Ich habe zwar großen Respekt vor Reitern, die Dressurpferde bis zur Klasse „S" ausbilden können. Aber dieser Respekt schwindet jäh, wenn ich sehe, dass das so genannte S-Pferd zwar zum Beispiel die Lektion „Passage" beherrscht, aber selbst bei einfachen Wendungen mit seinem inneren Hinterbein seitlich in Richtung Bahninneres ausweicht. Solche Pferde sind nicht gerade gerichtet, sondern abgerichtet.

Gehen wir's also jetzt an, das kleine Einmaleins des Geraderichtens: mit den ***Biegungen auf einem Hufschlag***.

Während der Wochen an der Longe hatte dein Pferd erste Gehübungen auf einem Kreisbogen gemacht.* Dein sorgsames Anreiten auf noch überwiegend geraden Linien hatte merklich seine Schubkraft weiter entwickelt. Eigentlich müssten das ausreichende Vorbereitungen gewesen sein, um bald auf dem Zirkel zu reiten. Denn auf der Zirkellinie ergibt sich die Längsbiegung der kompletten Wirbelsäule und die damit angestrebte vermehrte Beugung des inneren Hinterbeins am intensivsten.

Zu guter Letzt dann auch tatsächlich in Losgelassenheit und Anlehnung, will ich hoffen.

Aber halt, immer langsam mit den jungen Pferden. Zwar solltest du das Reiten auf dem Zirkel so bald wie möglich beginnen, aber eben nicht planlos. Denn falls sich doch noch Mängel in Takt und Anlehnung zeigen, etwa beim Durchreiten von Ecken, wo dein Pferd nicht in der Lage ist, während der Wendung mit dem inneren Hinterbein ausreichend stützend unter die Last zu treten, führt kein Weg an der Verbesserung des *„Schultervor"* auf geraden Linien vorbei. Den Grund hattest du schon früher an der Longe erkannt:

Beim Abwenden von geraden auf gebogene Linien wird der natürliche Gang umso mehr behindert, je schräger die Schubkraft der Hinterhand gegen die Vorhand wirkt.

Jede Ecke bildet bei richtigem Durchwenden einen Kreisausschnitt, der je nach Grad der Biegefähigkeit größer oder kleiner ausfällt. Um solche gebogenen Linien ohne Beeinträchtigung des Ganges abzureiten, muss dein Pferd bereits in der Lage sein, sich mit so viel Tragkraft seiner Hinterbeine zu bewegen, dass dabei die Vorderbeine immer ausreichend entlastet bleiben. Das ist logischerweise nur dann der Fall, wenn die Hinterbeine deines Pferdes schon ein gewisses Maß an Beugefähigkeit erreicht haben. Um nun die jeweils erreichte Beugefähigkeit nicht zu überfordern, legst du jede Wendung zunächst planmäßig im Kopf an. Das heißt, du reitest eine Wendung nicht irgendwo und irgendwie, sondern du realisierst als Erstes, dass du eventuell mit temporegulierenden Paraden die Schubkraft der Hinterbeine so erhalten musst, dass dir dein Pferd beim Abwenden nicht aus dem Takt und auf die Vorhand eilt. Als Zweites nimmst du dir vor, einen Wenderadius zu reiten, der die Biegefähigkeit von Wirbelsäule bzw. Hanken nicht überfordert. Erst dann verlagerst du dein Gleichgewicht so, dass der geplante Wenderadius nach Verlassen der geraden Linie auch zustande kommt. Kurz gesagt:

Wendeübungen von geraden auf gebogene Hufschlaglinien musst du in ihrem Radius stets so kalkulieren, dass sie dein Pferd mit tragender Hinterhand absolvieren kann!

Andernfalls wirst du im Sattel spüren, dass Gang und Haltung deines Pferdes in Unordnung geraten, weil die drei Hinterhandgelenke durch ihre noch unzureichende Beugefähigkeit nicht in der Lage sind, die verlangte gebogene Hufschlaglinie tragend zu unterstützen. In diesem Zustand folgt die Hinterhand der Vorhand nicht gerade, wie es richtig wäre, sondern schräg. Deshalb rangieren in Dressurpferdeprüfungen übrigens einfache Schlangenlinien auch vor Volten. Halte dir stets vor Augen, dass schon das Wenden von einer geraden Linie durch eine Ecke in Takt und Anlehnung für ein Pferd im ersten Ausbildungsjahr eine ganz beachtliche und ernst zu nehmende Biegeanforderung darstellt. Tatsächlich erfordert sie sogar schon einen gewissen Grad an Versammlung. Da du aber diese Stufe der Ausbildungsskala gerade erst betrittst, musst du – um Takt und Anlehnung nicht zu gefährden – deinem noch ungelenken Schüler zunächst nachsichtig gestatten, jede Ecke seiner natürlichen und noch sehr geringen Biegefähigkeit entsprechend abzurunden bzw. abzukürzen. Konkret erleichterst du deinem Pferd diese Aufgabe, indem du es anfangs noch in einer bestimmten Entfernung vor der Ecke die Bande verlassen und in gebogener Linie in gleicher Entfernung hinter der Ecke den Hufschlag an der Bande wieder erreichen lässt.

Bei vier Ecken reitest du pro Bahnrunde quasi viermal ein kleines Kreissegment ab. Nach jeder Wendung durch eine Ecke hast du dann auf den folgenden geraden Linien die Möglichkeit, die höchst wahrscheinlich unterbrochene Schubkraft und Anlehnung wieder unter Kontrolle zu bringen. Denn die hat dein Pferd mit ebenso großer Wahrscheinlichkeit in der Wendung auf Grund der ungewohnten und noch ungenügenden Längsbiegung aufgegeben und sich statt auf sein inneres Hinterbein auf deine Hand gestützt.

Fühlst du, dass dein Pferd beim Durchreiten der Ecken eine gewisse Beständigkeit in der Anlehnung erreicht hat, steigerst du die Wendeanforderungen leicht, indem du öfters „halbe Bahn" reitest. Bei einer 20x40 m Bahn hast du dann statt der beiden langen Linien vier gleichmäßig kurze. Weil dabei dein Pferd auf den bandenfreien Teilen die optische Stütze der Wand verliert, hat dieser häufige Handwechsel für euch beide einen besonders schulenden Effekt:* Auf freien Linien bist du genötigt, auch den äußeren Schenkel und Zügel sehr bewusst mitwirken zu lassen, um dein Pferd am Ausfallen mit dem äußeren Hinterfuß zu hindern. Auf der rechten Hand hast du diese Einwirkungen sogar nachdrücklich nötig, da die Wendung nach rechts Pferden in aller Regel deutlich schwerer fällt, als die nach links.

Hält es nach einiger Übung die dem Zirkelbogen entsprechende Biegung durch und dessen Hufschlaglinie genau ein, kannst du daran denken, den Zirkel allmählich zu verkleinern – nur stufenweise und überlegt, um die Biegung, die dein Pferd dabei leisten muss, nicht in einer Weise zu steigern, die es mangels Wirbelsäulenbiegung einfach noch nicht leisten kann.

Die Kreise sollten bei jungen Pferden drei Pferdelängen nicht unterschreiten, um ihre Spannkraft nicht durch zu starke und anhaltende Biegung abzuschwächen. Bei einem Durchmesser von

Wie wichtig die optische Stützung ist, wird dir klar, wenn du versuchst, eine gerade Linie mit verbundenen Augen ebenso gerade abzuschreiten.

etwa drei Pferdelängen reitest du die engeren Kreise in Form von Volten. Und zwar anfangs zweckmäßigerweise aus den Ecken heraus, weil dein Pferd dann an der Bande von zwei Seiten mehr optische Führung empfindet. Im Gegensatz zur Wendung von einer geraden Linie durch die Ecke, ist eine Kehrtvolte aus der Ecke von etwa 8-10 m Durchmesser insofern schon eine anstrengendere Übung, als du deinem Pferd die dazu notwendige Biegung und Versammlung länger abverlangst. Und ob es für beides in seinem jetzigen Ausbildungsstand schon die Kraft hat, ist halt fraglich. Vielleicht probierst du erst einmal Kehrtwendungen aus der Ecke und machst dein Pferd danach im Schritt mit einer Volte bekannt. Volten haben den Vorteil, dass du sie mit geraden Linien abwechseln und vom Hufschlag der ganzen Bahn aus beliebig oft und zunächst beliebig groß reiten kannst. Durch den Wechsel in der Linienführung muss sich dein Pferd dieser Aufgabe außerdem mit größerer Aufmerksamkeit widmen, als das auf den „eintönigen" langen geraden Linien der Fall ist. Vergiss bei all dem nie, dass die Grundlage für die erforderliche Biegsamkeit von Hals- und Rückenwirbelsäule (und damit ja automatisch auch des inneren Hinterfußes) die sichere Anlehnung ist. Deshalb noch einmal in aller Dringlichkeit:

Entzieht sich dein Pferd der Anlehnung, ist jede weitere Biegearbeit nutzlos, weil du ohne Anlehnung weder die Hufschlaglinien genau bestimmen kannst noch das Tempo des Ganges!

Da die sichere Anlehnung nur durch die Schubkraft der Hinterbeine, also durch Vorwärtsbewegung zustande kommt, vermeidest du natürlich alles, was sie behindern könnte. Das heißt: Auch wenn dein junges Pferd seinen Gang willkürlich verändert oder durch Störung seines Gleichgewichts von einer beabsichtigten Linie abweicht, greifst du nicht sofort hektisch in die Zügel, sondern wirkst diesen Unregelmäßigkeiten passiv entgegen. Du gehst auf abweichende Bewegungen weich ein und lenkst es mit nur angedeuteten Handeinwirkungen, vor allem aber mit geschickter Gewichtsverteilung wieder auf die richtige Bahn. Auf diese Weise bleibt dein Pferd unbefangen, gewinnt Vertrauen und festigt seine Anlehnung. Außerdem provozierst du es nicht, seine Kräfte zu Widersetzlichkeiten gegen dich zu mobilisieren.

Zum Abwenden nach rechts oder links ist die Einwirkung beider Zügel notwendig. Das veranlasst unzureichend gymnastizierte Pferde in aller Regel sich zu verhalten. Deshalb ist es unter Umständen erforderlich, vor oder während der Wendung die vortreibenden Schenkelhilfen zu verstärken.* Sollte die dein Pferd nicht genügend beachten, unterstützt du sie leicht mit der Gerte. Die Zügel dürfen dabei nur so wenig wie möglich verhaltend wirken. Ein leichtes Eindrehen der Zügelfäuste nach innen ist da meist schon das Äußerste. Der innere Zügel führt vermehrt seitwärts, so als wolltest du den Hals biegen. Gibt dein Pferd bei dieser Stellung dem inneren, biegenden Zügel zu sehr nach, wirkst du mit dem äußeren Zügel weich entgegen. Damit hältst du es erstens geradeaus und zweitens davon ab, in eine Wendung hinein- bzw. durch sie hindurch zu eilen. Unterstützt du das außerdem noch durch stärkeres Belasten des inneren Bügels unter gleichzeitigem Vorbringen deiner äußeren Schulter, so folgt dein Pferd dieser dreifachen Einwirkung ohne Widerstand und wird die verlangte Wendung zwar zunächst noch mit nur geringer Biegung aber sehr wahrscheinlich ohne Taktfehler und Gangbeeinträchtigung ausführen. Wenn es sich anfangs doch noch ein wenig auf deine Hand legt, versucht es damit die Gleichgewichtsstütze zu ersetzen, die ihm während der Wendung dadurch verloren gegangen ist, dass die Hinterhand doch noch nicht ausreichend stützend untertreten konnte. Oder es reagiert vielleicht auf deine vortreibenden Hilfen mit übereiltem Gang. Beides kannst du so lange unkorrigiert lassen, wie dabei genügend Schubkraft für die Anlehnung erhalten bleibt..**

Dank deines gelassenen Umgangs mit diesen ganz natürlichen Unregelmäßigkeiten, findet dein junges Pferd sehr bald von selbst zu seinem ruhigen Gang zurück (reagiert also gehorsam auf die Reiterhilfen***). So festigst du zunächst nur weiter seine Fähigkeiten, auf einem Hufschlag im schon erwähnten ***„Schultervor“*** zu gehen. In dieser Stellung nimmt seine Körperhaltung bereits eine leichte, gleichmäßige Längsbiegung nach innen an; es geht in einer ***gebogen-geraden Stellung***, bei der sich die äußere Seite im gleichen Maß streckt, wie sich die innere hohl macht, was dann das Pferd biegt.

Das ***„Schultervor“*** geht im Dressuraufbau zeitlich der eigentlichen ***„Stellung“*** voran. Beides sind Zweckübungen, die die soeben beschriebene durch das ganze Pferd verlaufende, gleichmäßige und unauffällige Biegung nach innen erfordern. Beim ***„Schultervor“***

* *Natürlich gibt es auch das Gegenteil: Das junge Pferd realisiert die kommende Wendung, zum Beispiel vor einer Ecke, und fängt im Bewusstsein der unbequemen Biegung schon vorher und unter Aufgabe seiner Anlehnung an zu eilen, um diesen lästigen Zustand möglichst schnell hinter sich zu bringen. Siehe das Verhalten an der Longe. Dem wirkst du mit weichen, momentanen Zügelanzügen schon ein bis zwei Pferdelängen vor der Ecke entgegen, um dann in der Ecke mit leicht vorgebenden Händen die Versammlung zu mindern. So erhältst du die Rückenwölbung bzw. die Anlehnung auch im Moment der relativ großen Biegeanforderung, wie sie eine korrekt in Takt und Anlehnung gerittene Ecke deinem Pferd in dieser Ausbildungsphase abverlangt.*

** *Du verringerst die Gefahr des Aufstützens auf die Hand übrigens deutlich, wenn du nicht in dem Augenblick treibst, wo du mit den Zügeln einwirkst, sondern erst ins Nachgeben hinein.*

*** *Es macht Sinn, immer wieder die elementare Wahrheit zu predigen, dass Reiten auch „zum Treiben kommen“ heißt!!!*

Fußbild im „Schultervor": *Der innere Hinterfuß ist zwischen den Vorderbeinen zu sehen.*

bewegt sich das äußere Beinpaar auf der äußeren Hufschlaglinie so, dass der äußere Hinterfuß auf den entsprechenden Vorderfuß spurt. Das innere Hinterbein fußt jedoch um (höchstens) eine halbe Hufbreite innerhalb der Hufspur des inneren Vorderbeins, sodass man, wenn einem das Pferd entgegenkommt, den inneren Hinterfuß zwischen den Vorderbeinen sieht.

Das „Schultervor" ist – als Biegung ersten Grades - die unerlässliche Grundlage für alle weiteren biegenden Lektionen – auf einem wie auf zwei Hufschlägen.

Ganz sicher hast du Recht, wenn du sagst, dass konstantes Reiten in einer korrekten Schultervor-Stellung sich leichter liest, als es dann vom Sattel aus zu bewerkstelligen ist. Denn du musst dich dabei auf die Koordination von vier Einwirkungen mehr oder weniger gleichzeitig konzentrieren:

1. Auf den stellenden inneren Zügel (der unter Umständen so lange immer wieder seitwärts führt, bis dein Pferd die gebogene Stellung freiwillig angenommen hat),
2. auf den richtungerhaltenden und tempobestimmenden äußeren Zügel,
3. auf deinen treibenden inneren Schenkel, der mit einem bestimmten Druck dafür sorgt, dass die innere Hinterhand nicht seitwärts in die Bahn abweicht und
4. auf deinen verwahrenden äußeren Schenkel, mit dem du zur Erzielung der seitlichen Rippenbiegung deinem inneren Schenkel den Gegendruck lieferst, der den äußeren Hinterfuß am Ausfallen hindert.

Die Hauptarbeit in diesem Konzert übernehmen demnach innerer Schenkel und äußerer Zügel. Verstößt du gegen diese Regel und biegst dein Pferd mit dem inneren Zügel und treibst es mit dem äußeren Schenkel nach innen, bevor es gelernt hat, in der eben beschriebenen gebogen-geraden Stellung an der Bande entlang zu gehen, bleibt es dauerhaft schief – weil du es lediglich in seiner angeborenen Neigung bestärkst, weiterhin mit dem inneren Hinterfuß ***seitwärts neben anstatt gerade unter*** die Last zu treten.

Vergiss nicht, dass die biegende Wirkung des inneren Zügels dazu führen muss, dass dein Pferd die Seitenbiegung von Kopf und Hals freiwillig annimmt. Kommst du von der dauernden, nachdrücklichen

Einwirkung des biegenden Zügels nicht los, sind all deine gerade richtenden Bemühungen nicht für dein Pferd, sondern für die Katz'!

Selbstverständlich darfst du bei diesen ersten Biegeübungen deine Schenkel nicht vergessen. Zum einen, um das Vorwärts und den ganzen Pferdekörper gerade gerichtet zu erhalten. Zum anderen, um zur Halsbiegung auch die entsprechende Rippenbiegung zu erarbeiten. Denn erst die Längsbiegung der gesamten Wirbelreihe bedingt ja, wie du weißt, das Vortreten des inneren Hinterfußes (in Richtung des äußeren) unter die Last.

Um eine deutliche Rippenbiegung herbeizuführen, nimmst du die unterstützende Wirkung des inneren Schenkels zur Hilfe. Wobei ich, wie eben gesagt, davon ausgehe, dass den dein Pferd unterdes ohne Gegenwehr akzeptiert. In welchem Grad du damit einwirkst, richtet sich danach, wie willig dein Pferd auf deine Hilfen reagiert. Sobald du auf dem inneren Zügel harten Widerstand spürst, treibst du verstärkt mit dem inneren Schenkel bei gleichzeitig nachgebender innerer Hand. Bei dem lebhaften Gang, den du auf diese Weise erzeugst, hat dein Pferd seine vier Beine als Gleichgewichtsstützen seines Körpers nötig und kann sie nicht zur Gegenwehr einsetzen. Du musst also sowohl durch abwechselndes Annehmen und Nachgeben des biegenden inneren Zügels wie auch durch öfteres Annehmen des richtung- und tempobestimmenden äußeren Zügels dafür sorgen, dass du deinem Pferd immer wieder das Aufstützen auf den inneren Zügel unmöglich machst.

Nur so und nicht etwa durch gewaltsames Aushalten mit der Hand,* lernt dein Pferd dann mit der Zeit, sich losgelassen in dieser Stellung selbst zu tragen.

Nochmal zum gründlichen Verständnis: Durch die Längsbiegung der Wirbelsäule richtet sich nicht nur die Vorhand nach innen, sondern ***durch die veränderte Stellung des Hüftgelenks*** wird auch das innere Hinterbein mehr vor- und unter den Schwerpunkt geschoben, sodass sich beide inneren Beine einander nähern. Bei deinem Pferd spannen sich jetzt die Streckmuskeln der inneren Seite im gleichen Maß ab, wie die der äußeren Seite angespannt werden. Zugleich wird das innere Beinpaar um so viel stärker belastet, wie das äußere entlastet wird.** Auf einer Zirkellinie, auf der dein Pferd ja mit dem inneren Beinpaar einen kleineren Kreis abschreitet als mit dem äußeren, schränkt es die Tätigkeit seiner inneren Beine durch

** Das Gerade- bzw. Aufrichten durch „Aushalten" ist einem wesentlich späteren Ausbildungsstadium und dann auch nur absoluten Fachleuten vorbehalten. Dann, wenn es darum geht, nach ausreichender Kräftigung der Rückenmuskulatur die Beugung der Hinterhand durch verstärkte Belastung zu forcieren und den Gehorsam auf die Hand- und Schenkeleinwirkung zu festigen. Ich denke, frühestens Anfang des dritten Ausbildungsjahres.*

*** Geht das Pferd dabei auf einer gebogenen Hufschlaglinie, neigt sich auch der Schwerpunkt durch die Gesetze der Zentrifugalkraft nach innen.*

vermehrte Belastung und verminderte Spannkraft so viel ein, wie es der Größenunterschied der beiden Zirkelradien erfordert. Nur auf diese Weise ist es ihm möglich, seinen Gang gleichmäßig zu erhalten.

Eingangs des Kapitels hieß es: Das gerade gestellte Pferd ist an eine gerade Linie gebunden und das gebogene an eine Zirkellinie. Das Maß der Längsbiegung bzw. die Richtung der Vorhand bestimmt also zwangsläufig den Zirkelradius. Genauso, wie zum Beispiel die Kreisbewegung eines Autos von der Winkelstellung seiner Vorderräder bestimmt wird. Auf Grund dieses Automatismus' könntest du einen Zirkel mit geschlossenen Augen perfekt abreiten, wenn du es schaffst, aus deinem Gefühl heraus die einmal eingestellte gebogene Stellung deines Pferdes zu erhalten.

Was du mit deinen Händen und Schenkeln zu tun hast, weißt du jetzt im Großen und Ganzen. Was hier noch fehlt, ist natürlich deine Sitzhilfe. Wäre die Biegsamkeit deines Pferdes schon weiter fortgeschritten, würde es dich von sich aus richtig hinsetzen. Aber in diesem Ausbildungsstadium musst du wahrscheinlich deiner derzeit noch fehlenden natürlichen Sitzposition sehr konzentriert mit einer bemühten Körperhaltung nachhelfen. Dazu schiebst du deine innere Hüfte etwas vor, was zugleich deinen ***inneren Schenkel vor und den äußeren Schenkel etwas zurückplatziert.*** Beim Reiten auf gebogenen Linien belastest du außerdem deinen inneren Gesäßknochen. Das veranlasst dein Pferd, seinen Schwerpunkt ebenfalls mehr nach innen zu verlegen. Jetzt beweist sich die Richtigkeit des ersten Merksatzes von Seite 35: „... In diesem Gleichgewichtssitz liegen alle Hilfen verborgen, die du als Reiter benötigst...." Denn wenn du dein Pferd richtig der gebogenen Linie angepasst hast, muss es jetzt seine inneren Beine durch Verlegung des Schwerpunktes nach innen stärker belasten. Durch die stärkere Biegung des Hinterbeins senkt sich dabei auch seine innere Hüfte. Dieses Absenken bewirkt auch bei dir einen natürlichen Hang nach innen und damit die Übereinstimmung deines Schwerpunktes mit dem deines Pferdes. Seid ihr beide auf diese Weise eins geworden, könnt ihr euch mit derselben Leichtigkeit und Sicherheit auf gebogenen Linien bewegen, wie mit gerader Körperhaltung auf geraden Linien.

Allerdings ist auch das wieder insofern nicht ganz so einfach, wie es sich liest, weil du bei deinem richtigen, aber eben noch „künstlich" angenommenen Sitz Gefahr läufst, zusammen mit der inneren Hüfte auch deine innere Schulter vorzuschieben. Weil das deine äußere Schulter praktisch automatisch zurückrichtet, entsteht daraus ganz leicht folgende Fehlerkette: Bei nicht sitzunabhängiger Hand wirkt der äußere Zügel unter Umständen zu stark. Das bringt nicht nur deinen Sitz in Sekunden hinter die Bewegung und auf die äußere Sattelhälfte, sondern auch die Vorhand nach außen. Das steht dann einerseits der angestrebten Entlastung des äußeren Vorderbeins entgegen und andererseits wird das ganze Pferd in eine schiefe Stellung und falsche Biegung gebracht. Achte also peinlich genau darauf, dass du gebogene Linien richtig reitest, weil sich andernfalls eben nix biegt.

Fassen wir kurz noch einmal zusammen: Auf einer Zirkellinie senkt sich die innere Seite deines Pferdes gemeinsam mit deiner, der innere Steigbügel ist dem Erdboden näher, als der äußere und wird durch die oben beschriebene Richtung deiner Hüfte stärker belastet. Um deinen Handeinwirkungen keine falsche Richtung zu geben, richtest du die Position deiner Schultern nach den Schultern deines Pferdes. Denn wie deine Hüften die Position deiner Beine bestimmen, so bestimmen deine Schultern die Position deiner Arme und Hände. Exakt wie bei deinem Pferd.*

* Die Familie der Säugetiere lässt grüßen.

In der Praxis müsste das so aussehen: So wie du auf gebogenen Linien, auf denen die äußere Schulter deines Pferdes den größeren Bogen beschreibt, seine Schulter sehr konzentriert vorgerichtet, eben im ***„Schultervor"*** halten musst, so richtest du deine äußere Schulter ebenfalls vor, damit du die Zügelanzüge, die erst zur Entlastung und bei den Wendungen fällig werden, nicht durch eine rückwärts gerichtete äußere Schulter (mit dem dazugehörigen rückwärts wirkenden Arm) andauernd unbeabsichtigt anbringst. Sollte dir dabei die Tatsache Schwierigkeiten machen, dass deine innere Hüfte und deine innere Schulter in entgegengesetzter Richtung wirken müssen, so mag es dich trösten, dass Übung bei Pferden ***und*** bei Reitern den Meister macht. Auf dem Weg zur kleinen Meisterschaft bist du dann, wenn du dein Pferd so sicher in gebogener Stellung gehend beherrschst, dass du den Sitz, der diese Haltung mitgeformt hat, nicht mehr durch Tricks wie Schenkelschluss und künstliches Positionieren von Hüften und Schultern annehmen musst, sondern passiv und mühelos in voller Übereinstimmung mit deinem Pferd annehmen kannst. Anders gesagt: Wenn nicht mehr du es bist, der dich richtig hinsetzt, sondern dein Pferd.

Wie schon im allerersten Kapitel gesagt, ist mir natürlich klar, dass die theoretische Beschreibung der Hilfen noch keine Erfolgsgarantie ist, sondern erst das richtige Zusammenwirken in der Praxis. Hier muss ich dich notgedrungen mit deinem Gefühl allein lassen. Sollte dich das auch gelegentlich alleine lassen, so erinnere dich daran, dass dir dein Pferd dabei hilft, es richtig zu machen – wenn du dir von ihm helfen lässt. Das tut es, indem es dir über Takt, Losgelassenheit und gleichmäßiger Anlehnung bestätigt, dass du es nicht durch falsche Einwirkungen an seinem natürlichen Gang hinderst. Vielleicht helfen dir auch folgende Merksätze dabei:

Im Prinzip arbeiten innerer Schenkel und innerer Zügel einander (unter Mitwirkung des äußeren verwahrenden Schenkels) beim Erreichen und Erhalten der Biegung zu. Beide Zügel unterstützen sich gegenseitig beim Erreichen gleichmäßiger Anlehnung und beide Schenkel gemeinsam bei der Erhaltung des Ganges bzw. der Anlehnung. Innerer Schenkel und äußerer Zügel führen dein gebogenes Pferd nach außen, äußerer Schenkel und innerer Zügel führen es nach innen. Dabei besteht die Gefahr, dass es mit Vor- und Hinterhand von einer gewollten Linie weg zur einen oder anderen Seite gedrückt wird. In diesem Fall sorgen die entgegengesetzten Hilfen für die nötige Gegenwirkung bzw. Korrektur.

Das Vorwärtsgehen bei jungen Pferden sorgt dafür, dass sie weniger leicht falsche Biegungen annehmen können. Dies ändert aber nichts an ihrer grundsätzlichen Neigung, sich gegen biegende Arbeit zu wehren; Pferde sind manchmal halt auch nur Menschen. Dabei bedienen sie sich, wie schon gesagt, hauptsächlich ihres inneren Hinterbeins und sind listig bemüht, es deiner Kontrolle und biegenden Einwirkung zu entziehen. Damit halten sie natürlich genau die Teile steif, deren Biegung ihnen am schwersten fällt. Konsequenterweise gilt dein Hauptaugenmerk dem inneren Hinterbein deines Pferdes: Durch fleißiges Treiben mit deinem inneren Schenkel animierst du es nicht nur zum Vortreten, sondern gleichzeitig auch dazu, dem äußeren Hinterbein näher zu treten. Nur so kriegst du diesen Eckpfeiler des Widerstands richtig unter die Gewichtsmasse und machst ihn biegsam.*

** Im nächsten Kapitel wird dieser Sachverhalt noch einmal unmissverständlich illustriert.*

Diese Regel ist, so simpel sie scheint, das „Grundgesetz" der ganzen Dressur – von den Anfängen bis zur höchsten Reife, bei dem das Pferd in der Lage ist, auch die Wendungen zu schaffen, die in diesem Buch ausgespart sind: Die, bei denen der Schwerpunkt so weit nach hinten verlagert ist, dass die tragende Hinterhand die Achse bildet, um die sich... ach ja, richtig, das hatten wir schon. Für dich und mich aber bildet dieses Grundgesetz das Fundament, auf dem sich als nächstes das ***„Schulterherein"*** aufbaut. Es ist absolut nicht übertrieben, wenn du hörst, dass diese Regel von so grundsätzlicher Bedeutung ist, dass du nicht nur alle Fehler in den Gangarten, sondern auch alle Widersetzlichkeiten deines Pferdes ausnahmslos auf ihre Missachtung zurückführen kannst.

Mache Pferde zeigen großes Geschick darin, durch scheinbare Nachgiebigkeit auf die biegenden Hilfen zu täuschen: Trotz teilweiser Biegung der Wirbelreihe belasten sie ihr inneres Hinterbein nicht. Dass sich das innere Hinterbein nicht biegt, erfühlen erfahrene Reiter an der fehlerhaften Anlehnung** und am fehlerhaften bis ausdruckslosen Gang. Diese Schwächen beseitigst du durch frisches Vorwärtsreiten, bei dem du dann dein Pferd wieder in Anlehnung bekommst.

*** Was einmal mehr die Bedeutung dieser Stufe der Ausbildungsskala als wichtigen Kontrollmechanismus unterstreicht.*

Beim Biegen wie beim Wenden fällt dem inneren Schenkel im Allgemeinen die aktivere Aufgabe zu. Biegst du dein Pferd an der Bande, kann diese die Einwirkung des äußeren Schenkels nicht ersetzen. Besser ist es, häufig auf dem zweiten Hufschlag zu reiten, was dich zwingt, dich auf deinen äußeren Schenkel zu konzentrieren.

Aber aufgepasst: Auf einer Kreislinie, wo die Kruppe nicht von der Bande begrenzt wird, haben die äußeren Beine deines Pferdes den größeren Weg zurückzulegen und da wäre es vom Übel, wenn du deinem Pferd durch zu festes Verwahren deines äußeren Schenkels die Möglichkeit nähmst, den Wegeausgleich des größeren äußeren Radius' durch verstärktes Vortreten des äußeren Hinterbeins zu schaffen.

Bei Pferden, die sich gegen überfordernde Biegemaßnahmen wehren oder bei solchen, die von Haus aus zu den weniger rittigen zählen, erlebt man oft, dass ihre Neigung groß ist, mit der Kruppe bzw. mit dem äußeren Hinterfuß auszufallen. So groß, dass Gegenmaßnahmen mit dem äußeren Schenkel nicht ausreichen, um das äußere Hinterbein in der Spur zu halten. Um es dennoch irgendwie unter Kontrolle zu bringen, bleibt nichts anderes übrig, als zunächst einmal von biegenden Bemühungen abzulassen und die Vorhand mit dem äußeren Zügel wieder so weit nach außen zu führen, dass der Gang des Pferdes nicht anfängt zu stocken.

Die Vorwärtsbewegung deines Pferdes ist tatsächlich das sicherste und wirksamste Mittel, seine natürlichen Widerstände zu überwinden. Selbst wenn dein Pferd in unregelmäßigen oder falschen Gangarten so lange herumblödelt, bis du in der Lage bist, korrigierend darauf einzuwirken. Dabei kannst du dir ganz ohne schlechtes Gewissen einen positiven Effekt unregelmäßiger Gänge zunutze machen: Sie ermüden ein junges Pferd schneller. Ein müdes Pferd wird nachgiebiger, weil es die Körperteile, die es bis dahin stur geschont hat, freiwillig zur Unterstützung der ermüdeten Teile hergibt.* Keine Angst – Ermüdung durch Bewegung hat einem Pferd noch nie geschadet, sondern ist bei allen, die noch keinen Schenkelgehorsam zeigen, ein ebenso bewährtes wie legitimes Mittel, um sie dazu zu kriegen, an der anberaumten Gymnastikstunde effizient teilzunehmen.

* *Ich rede natürlich nicht von Übermüdung, bei der unter Umständen der Schritt aus seinem klaren Viertakt gerät oder Bänder und Gelenke anfangen zu leiden.*

Im Übrigen ist der Gehorsam auf Schenkel und Zügel gleichbedeutend mit der Biegsamkeit deines Pferdes. Denn beide bedingen einander und können nur nach und nach oder – für die anspruchsvolleren Reiter – peu à peu erreicht werden. Aber obwohl Gehorsamkeit während der gerade richtenden Arbeit aus der Folgsamkeit auf Hand- und Schenkeleinwirkungen resultiert, liegst du schief, wenn du denkst, dass ein gewaltsames Anwenden dieser

Hilfen deine Arbeit abkürzen könnte. Im Gegenteil verderben grobe Hand- und Sporneinwirkungen dein Pferd und machen es irgendwann durch chronische Widersetzlichkeiten für jede Form reiterlicher Einwirkung unzugänglich.

Grundsätzlich erfordert das Biegen auf einem Hufschlag nur eine mäßige Seitenbiegung des Pferdekörpers, wie sie abgerundete Ecken, Zirkel und Volten verlangen und seinen Gang nur wenig erschweren. Allerdings muss dein Pferd selbst dafür schon gelernt haben, richtig im „***Schultervor***" zu gehen und mit dem inneren Hinterbein ohne sich zu wehren in Richtung des äußeren Hinterbeins zu treten, wenn es für die erste Lektion von Teil 2 der Längsbiegungen, dem „***Schulterherein***", ausreichend vorbereitet sein soll.

13 Mit „der Mutter aller Dressur" zum Abschluss der Grundausbildung

Je nach Ausbildungstand und Gymnastizierungsgrad deines Pferdes ist dein nächstes Ziel als gymnastische Steigerung zu den Übungen auf einem Hufschlag – die Erarbeitung der Biegung deines Pferdes auf zwei Hufschlägen. Zum einen, um seinen Gehorsam auf Hand und Schenkel sicher zu stellen und zu festigen und zum anderen, um seine Grundausbildung solide zum Abschluss zu bringen.

Der Unterschied zwischen beiden Übungen ist wesentlich schneller geklärt, als geritten: Im Gegensatz zu den Lektionen auf einem Hufschlag, bei denen die Hinterfüße den Vorderfüßen auf der gleichen Linie folgen, ist dein Pferd bei Übungen auf zwei Hufschlägen durch seine Körperrichtung gezwungen, mit Vor- und Hinterhand zwei verschiedene gleichlaufende Linien zu beschreiben. Je größer die Entfernung dieser beiden gleichlaufenden Linien ist, desto schräger ist die Hinterhand gegen die Vorhand gerichtet und umso mehr ist dein Pferd genötigt, bei seiner Vorwärtsbewegung mit den inneren über die äußeren Beine oder umgekehrt zu treten.

Vor der grundsätzlichen Gefahr, die in den Seitengängen lauert, habe ich dich früher schon eindringlich gewarnt: ***Je stärker die schräge Richtung, desto stärker wird auch der Vortritt der Hinterbeine, also die Schubkraft beeinträchtigt,*** weil das sich bewegende Bein nicht richtig über das auf dem Boden ruhende Bein treten kann. Deshalb ist für diese Lektionen nicht nur die bis hierher beschriebene gymnastische Vorarbeit, also ***Selbsthaltung und Durchlässigkeit*** zwingend, sondern obendrein eine ordentliche Portion reiterliches Gefühl. Letzteres ist offenbar eine rare Sache, denn man sieht viel zu oft junge, talentierte Pferde, die um ihren Gang gebracht werden, weil ihnen erst durch zu frühe und falsche Seitengänge die Schubkraft der Hinterhand und dann durch ruppige vortreibende „Hilfen" der Nerv geraubt wird.

Die Abstellung deines Pferdes führt nur unter zwei Bedingungen zur korrekten Längsbiegung auf zwei Hufschlägen: Erstens muss die Vorhand in Richtung der beabsichtigten Seitenbewegung so viel vorschreiten, dass sie gleichzeitig durch die Seitwärtsbewegung den nötigen Antrieb nach vorwärts bekommt, zweitens müssen – durch entsprechende Versammlung – die Hinterbeine der Vorhand näher gebracht werden. Dadurch nähern sich auch beide parallelen Hufschlaglinien einander. Aber: Nur wenn du wirklich die Tragkraft der Hinterhand so weit ausgebildet hast, dass sie in der Lage ist, die Vorhand zu entlasten, kannst du die Gefahr einer schiefen Richtung von Vor- und Hinterhand zueinander ausschließen. Mit anderen Worten:

Das Maß der Abstellung hat sich stets nach der erreichten Beugefähigkeit bzw. Tragkraft der Hinterhand deines Pferdes zu richten!!! Seitwärtsbewegungen ohne Biegung, Versammlung und Durchlässigkeit, sind folglich immer falsche und nutzlose Übungen, weil die Kruppe dabei ausfällt!

Darüber hinaus birgt Schulterherein (und natürlich auch alle höheren Seitengänge) ohne Biegung und Versammlung außer der schon genannten Gangbeeinträchtigung auch solch ernst zu nehmendes Gefahrenpotential in sich, wie Knie- und Sehnenzerrungen, Überbeine und Kronentritte.

Es ist übrigens ein weiterer und weit verbreiteter Irrtum, dass das Übertreten an sich die Gliedmaßen deines Pferdes geschmeidiger machen könnte. Richtig gerittene Seitengänge lassen ein Pferd in den Wendungen deshalb besser aussehen, weil sie auf einer stärkeren Biegsamkeit der Wirbelsäule und der Hinterhand beruhen; *die Seitenbewegung ist dabei lediglich eine natürliche Folge der Gesetze der Gangmechanik und eher eine Nebenerscheinung. S*icher gibt es allgemein nützliche Auswirkungen auf Gelenke und Muskeln durch die Seitenbewegung, aber nur durch sie allein kannst du den Gang deines Pferdes weder regeln noch verbessern. Leider verleitet die relativ spektakuläre Ausbildungsstufe „Seitengänge" und der damit verbundene Irrglaube viele Reiter dazu, die Seitengänge viel zu früh und in zu starker Abstellung zu üben. Richtig geritten müssen diese Lektionen mit derselben Geduld und Vorsicht begonnen und *durch stufenweise Steigerung* perfektioniert werden, wie die vorangegangenen Übungen auf einem Hufschlag!

Fußbild im „Schulterherein": *Um sich in gebogener Stellung auf drei Hufschlaglinien geradeaus zu bewegen, wird das Pferd mit dem inneren vor das äußere Beinpaar treten.*

Hattest du da schon all dein Können nötig, um bei Biegungen und Wendungen die vier Füße deines Pferdes korrekt auf zwei Linien zu steuern, so fordert der Seitengang dir noch mehr Aktivität und deinem Pferd noch mehr Aufmerksamkeit und Hand- und Schenkelgehorsam ab, um Vor- und Hinterhand nicht nur auf ihren jeweiligen Linien, sondern auch so zueinander gerichtet zu halten, dass die Schubkraft zwar im Tempo beherrscht, aber ansonsten ohne weitere Einschränkung erhalten bleibt. Wobei ich dich noch einmal daran erinnern möchte, dass ja schon bei den Wendungen auf einem Hufschlag eine Mäßigung (aber eben keine Beeinträchtigung) der Schubkraft dadurch zustande kam, weil das mehr belastete innere Hinterbein mehr tragend als schiebend untertritt, dem äußeren jedoch seine volle Schubkraft erhalten bleibt (bzw. erhalten bleiben sollte). Bei Übungen auf zwei Hufschlägen ist jedoch auch die Schubkraft des äußeren Hinterbeins eingeschränkt. Also musst du die ***Durchlässigkeit*** (!) zunächst sicher ausgebildet haben, um soweit mäßigend auf die Schubkraft einwirken zu können, dass deinem Pferd die jetzt einsetzende beugende Belastung auch des äußeren Hinterbeins so leicht wie möglich fällt. Daraus folgt:

Beim „Schulterherein" erfolgt mit der Längsbiegung bei deinem Pferd automatisch auch eine Versammlung auf Grund gleichzeitig beugender Belastung beider Hinterbeine!

Das erreichst du beim inneren Hinterbein durch Biegung und beim äußeren durch kontrollierenden äußeren Schenkel und Zügel.* Dabei ergänzen sich Biegung und Versammlung gegenseitig und müssen im richtigen Verhältnis zueinander dosiert bzw. „harmonisiert" werden. Gelingt dir das, regeln Biegungs- und Versammlungsgrad das Verhältnis von Schub- und Tragkraft der Hinterhand! Auch hierbei nötigt dich wieder die Physik mit ihren Gesetzen der Gangmechanik zum Nachdenken und Handeln:

* *Schau dir dazu noch einmal die Merksätze auf Seite 114 an!*

Immer, wenn die Schubkraft zu Lasten der Tragkraft überwiegt, dein Pferd also Gefahr läuft, auf die Vorhand zu kommen, mäßigst du das Tempo durch vermehrte Abstellung. Umgekehrt verringerst du die Abstellung sofort, wenn du spürst, dass sich dein Pferd verhält, seine Anlehnung aufgibt und sein Gang Taktfehler zeigt, bzw. an Energie und Ausdruck verliert.

Noch mal zum Mitdenken: Es sind *Versammlung und Biegung, die ein (durchlässiges) Pferd befähigen, auf zwei Hufschlägen zu gehen.* Dabei bewirkt die Versammlung die Entlastung der Vorhand und den Ausdruck der Bewegungen und seine Biegsamkeit das leichtfüßige Übertreten.

Die Seitengänge verbessern Gleichgewicht und Selbsthaltung in einer Weise, dass Fachleute den ganzen Ausbildungsstand deines Pferdes an der Ausprägung der Seitengänge ablesen können. Bist du in der Lage, dein Pferd in flüssigen, korrekten Seitengängen zu präsentieren, darfst du mit Fug und Recht behaupten, seine Grundausbildung solide abgeschlossen zu haben. Als Turnierpferd hätte es dann mindestens L-Reife.

Bevor wir jetzt zum detaillierten Verständnis des *„Schulterherein"* kommen, möchte ich (um nicht eventuelle Missverständnisse mitzuschleppen) noch einmal einen Satz zur Ausbildungsstufe *„Geraderichten"* loswerden: Mit einem gerade gerichteten Pferd ist natürlich nicht die ungebogene Richtung eines Pferdes gemeint, sondern das richtige Einrichten der Vorhand auf die Hinterhand und umgekehrt. * Man kann auch sagen, wenn über die seitliche (also die horizontale) Rippenbiegung im Laufe der Zeit die (vertikale) Aufwölbung der gesamten Wirbelreihe inklusive Beugung der Hanken erreicht ist, hat die Längsbiegung ihren Job getan und findet beim gerade gerichteten Pferd nur noch in den Ganaschen statt.

„Schulterherein" ist die Steigerung des „Schultervor" und bildet den Abschluss der Grundausbildung. Darüber hinaus sind Travers, Renvers, genaues Durchreiten der Ecken sowie Wendungen der Vor- um die Hinterhand ohne Schulterherein, also ohne richtige Biegung und Schulterstellung des Pferdes, nicht möglich.

Als Entdecker dieses Sachverhalts gilt übrigens der Herzog von Newcastle.** Er ritt diese Lektion nur auf gebogener Linie und nannte sie „Kopf-in-die-Volte". Dem französischen Reitmeister Guérinière*** kommt der Verdienst zu, die elementare Bedeutung dieser Schulung erkannt, vervollkommnet und sie – in seinen hippologischen Werken mit ihrem heutigen Namen benannt – der Nachwelt überliefert zu haben.

* Wie genau sich die Hinterhand deines Pferdes tatsächlich auf die Linie seiner Vorhand einrichten lässt, kannst du prima im Gelände testen, indem du auf einem von Treckern befahrenen Feldweg mit deinem Pferd versuchst, in korrekter Anlehnung auf dem schmalen Grünstreifen, zwischen den beiden ausgefahrenen Spuren der Treckerreifen Schritt zu reiten. Ich wette, du wirst überrascht sein, welch konzentrierte Einwirkungen du mit Sitz, Hand und Schenkel nötig hast, um dein Pferd daran zu hindern, auf jedem Meter mit der Hinterhand runter vom Grünstreifen und seitlich in eine Reifenspur zu drängen.

** Reitlehrer von HRM Charles II, †1675

*** François Robichon de la Guérinière. Von 1730-1751 unter Ludwig XIV Chef des königl. Marstalls in den Tuilerien.

Nomen est omen: Bei dieser Lektion verrät ihr Name die Stellung des Pferdes: Die Schultern (oder die Vorhand) sollen herein, also auf eine innere und die Kruppe auf eine äußere Linie gerichtet sein. Dadurch ist dein Pferd gezwungen, mit seinen inneren Hinter- bzw. Vorderfüßen je nach dem Grad der Seitenstellung ***hinten vor*** und ***vorne über*** die äußeren Füße zu treten. Dieser Bewegungsablauf erscheint Zuschauern nur dann leicht und natürlich, wenn einerseits das Vortreten der inneren Beine unter korrekter Seitenbiegung geschieht und andererseits die äußeren Beine durch entsprechende Gegenwirkung der äußeren Hilfen (Zügel und Schenkel) am Ausfallen, also am zu weiten Seitwärtstreten gehindert werden.

So baut sich diese Lektion theoretisch auf: Zuerst bringst du dein Pferd im Halten in die richtige Seitenstellung. Dabei muss die Vorhand so viel nach innen gewendet sein, dass beide Vorderfüße die von dir beabsichtigte innere Linie betreten. Die hältst du dann genauso konsequent bei, wie du dafür sorgst, dass die Hinterhand auf ihrer ursprünglichen Linie bleibt. Praktisch fasst du das Ganze so an: Als Erstes bewirkt der innere Zügel – unterstützt vom äußeren – die Wendung der Vorhand (am besten in der ersten Ecken einer langen Seite) so, als wolltest du eine Volte einleiten. Dabei hältst du mit beiden Schenkeln die Hinterhand auf der äußeren Linie. Hast du diese Seitenstellung erreicht, beginnst du mit der Vorwärtsbewegung; zur Sicherheit zunächst noch im Schritt, dann im ruhigen, verkürzten Trab. Wenn das reibungslos klappt, sagen wir so gegen Ende des Jahres, im schwungvollen, versammelten Trab. Dabei verhinderst du mit einer halben Parade mit dem äußeren Zügel die vollständige Ausführung der Wendung „Volte". Dein innerer Schenkel erhält – zusammen mit dem inneren Zügel – nicht nur die Biegung, sondern bewirkt jetzt auch durch stärkere Einwirkung das Seitwärtsweichen deines Pferdes. Dein äußerer Schenkel steuert – gemeinsam mit dem inneren – die Bewegung der Hinterhand und unterstützt zugleich den äußeren Zügel, mit dem du einerseits versammelst und andererseits verhinderst, dass sich dein Pferd über seine äußere Schulter aus der biegenden Lektion mauschelt.

Da beim ***„Schulterherein"*** dein innerer Schenkel nicht nur biegende, sondern gleichzeitig auch treibende Arbeit leistet, musst du anfangs mit folgender Reaktion deines Pferdes rechnen: Es wird intensiv bemüht sein, deiner kräftigen, weil doppelt wirkenden Biegung durch Ausfallen der Hinterhand zu entgehen. Die Folge davon sind Gangverlust und Seitwärtsdriften. Beides vermeidest du, indem du deinem inneren Schenkel mit einem gut aufeinander abgestimmten Zusammenwirken von äußerem Zügel und Schenkel ein entsprechendes Gegengewicht verleihst. Die hältst du auf diese Weise nicht nur besser unter Kontrolle, sondern kannst auch das Maß des Seitwärtstretens der äußeren Beine besser bestimmen.

Zwangsläufig bewirkt die Beherrschung der äußeren Seite über den Weg der Versammlung auch eine stärkere Belastung des äußeren Hinterbeins und damit eine gewisse Einschränkung seiner freien Bewegung. Daher kannst du dir beim Üben des Schulterhereins Folgendes zur Regel machen. Je biegsamer es wird, desto gleichmäßiger kannst du dann die inneren und äußeren Hilfen zusammenwirken lassen. Hast du das Schulterherein richtig erarbeitet, werden deine Hilfen unsichtbar, weil allein schon die sanfte Wirkung des äußeren Zügels und deine unauffällige Gewichtsverlagerung nach innen ausreichen, um die Hinterhand deines Pferdes seitwärts zu treiben.

Was denn, du stellst fest, dass das beschriebene Ideal noch nicht so recht klappt, weil dein Pferd deinem inneren Schenkel nicht zufriedenstellend weicht? Dann fehlt es ihm ganz einfach entweder an der nötigen Biegsamkeit oder es ist falsch gebogen. Wahrscheinlich zu viel im Hals und zu wenig in der Wirbelsäule, also ist wieder Korrekturarbeit angesagt. Dafür eignet sich das ***„Schenkelweichen"*** besser als das ***„Schulterherein"***. Zwar wird Schenkelweichen auf Turnieren kaum verlangt,* ist aber als Korrektur- bzw. Lehrübung dennoch gut geeignet: Weil sie so gut wie keine Längsbiegung verlangt, begreift dein Pferd deine seitwärts treibende Hilfe nicht nur besser, sondern kann ihr auch leichter folgen. Immerhin hat Schenkelweichen mit den echten Seitengängen gemeinsam, eine Übung auf mehreren Hufschlaglinien zu sein. Ansonsten beschränkt sich die Ähnlichkeit des Schenkelweichens mit den „echten" Seitengängen, ***die in Längsbiegung und Versammlung zu reiten sind***, auf den rein optischen Effekt der Seitwärtsbewegung. Ich beschränke mich hier auf einige zentrale Punkte zum Thema „Schenkelweichen":** Genau wie beim Schulterherein reitest du diese Übung anfangs im Schritt, um dein Pferd damit vertraut zu machen. Später dann auch im Arbeitstrab und immer nur kurze Strecken. Verkriecht sich dein Pferd trotz treibender Hilfen hinter den Zügel, führst du es zurück auf den einfachen Hufschlag und stellst die Anlehnung wieder her.

* allenfalls beim Viereck verkleinern und vergrößern

** Die fachlich einwandfreie Anleitung dazu findest du in Band 1 der Richtlinien für Reiten und Fahren der Deutschen Reiterlichen Vereinigung FN.

Ach ja, und noch was: Übe Schenkelweichen nicht nur entlang den langen Seiten, sondern auch auf den Wechsellinien durch die ganze Bahn. Verlier vor lauter Konzentration auf die richtigen Hilfen nicht aus den Augen, dass dein Pferd dabei mit regelmäßigen und entschlossenen Tritten die Anlehnung sucht und ans Gebiss tritt. „Klemmt" dein Pferd schon beim Übergang zum Schenkelweichen, hast du diese Übung wahrscheinlich zu lange ausgedehnt. Oder du hast nicht vorher und zwischendurch immer wieder dafür gesorgt, dass es sich in frischem Vorwärts auf einfachem Hufschlag strecken kann.

Folgende drei Fehler kann man beim ***„Schenkelweichen"*** wie auch beim ***„Schulterherein"*** am häufigsten beobachten:

- zu viel Kopfstellung und Halsbiegung, was ein Ausfallen der äußeren Schulter zur Folge hat,
- zu starke Einwirkung des inneren, seitwärts treibenden Schenkels, woraufhin das Pferd mehr seitwärts als vorwärts tritt,
- zu schwache äußere Hilfen, die zu wenig verwahrend wirken und dadurch das Pferd sowohl aus dem Takt kommen, als auch über die äußere Schulter wegdriften lassen.

Um alle drei Fehler dauerhaft auszuschließen, kann es unter Umständen Monate dauern, bis du richtig gelernt hast, dein Pferd mit den inneren Hilfen an die allmählich tätiger mit- und gegenwirkenden äußeren Hilfen heranzubringen. Aber ohne diese Technik kriegst du die Seitengänge nie korrekt hin, sondern bleibst bei dem so wichtigen ***„Schulterherein"*** immer in dem Stadium stecken, in dem du feststellst, dass das beschriebene Ideal einfach nicht klappen will. Oder – und das wäre noch schlechter- du würgst deinem undurchlässigen und schiefen Pferd eine Lektion rein, die vielleicht in etwa so aussieht wie Schulterherein, mit echter Beugung der Hanken bzw. mit Geraderichten hat sie aber ungefähr so viel gemeinsam wie Pik As mit Aspik.

Es wäre wirklich ein grober Fehler, wenn du zu Anbeginn des Schulterherein dein Pferd mit dem Sporn gewaltsam seitwärts triebst, in der Annahme, dass das Weichen auf den Sporn und das Übertreten der Sinn der Sache seien. Eine solch wahrhaft un-sinnige Einwirkung bringt dein Pferd im Übrigen auch nicht weg von der Vorhand, weil ihre Entlastung durch eine tragende Hinterhand auf Grund der schiefen Richtung des ganzen Pferdekörpers noch weniger zustande kommt als auf gerader Linie. Wie sehr dabei die Gewichtsmasse auf den Vorderbeinen lastet, verraten die abgehackten Bewegungen deines Pferdes. Derart geritten ist das Schulterherein natürlich keine Lektion, bei der sich seine Schulterfreiheit entwickelt, sondern die, ganz im Gegenteil, zu dauerhaft abgehackten, ausdruckslosen Tritten führt.

Wie die Biegung deines Pferdes auf einem Hufschlag nur durch allmähliche Übung auf gebogenen Linien und in Wendungen zustande kommt, so lässt sich auch das Schulterherein nur stufenweise (und sinnvollerweise nur auf den langen Seiten der Bahn) ausbilden.

Deshalb richtest du die Vorhand anfangs auch nicht mehr als 30-40 Zentimeter nach innen. Verbindliche Maß-Regel hierbei: ***Äußere Schulter auf die Linie des inneren Hinterfußes bringen.*** Auf diese Weise soll dein Pferd erst einmal lernen, mit dem inneren Vorderfuß vor seinen äußeren Vorderfuß zu treten. Auf dieser Basis steigerst du mit der Biegung zentimeterweise auch die Abstellung und durch vermehrte Längsbiegung wiederum die Anforderung im Übertreten des inneren über den äußeren Vorderfuß. Wobei du durchaus wieder Monate unermüdlicher Feinarbeit kalkulieren darfst, bis ein leichtfüßiges Schulterherein bei deinem Pferd gründlich sitzt.

Behalte dabei aber immer im Kopf:

Das Übertreten ist nicht Zweck der Lektion „Schulterherein", sondern lediglich Folge und Beweis richtiger Längsbiegung.

Und noch eine notwendige Erinnerung: Solange es deinem Pferd an der nötigen Biegung und Versammlung fehlt, muss die Seitwärtsstellung geringer sein, sonst bleibt die Vorhand nicht korrekt vorgerichtet. Erst mit zunehmender Biegefähigkeit und Versammlung erfolgt durch vermehrtes Unterschieben der (dann logischerweise auch vermehrt tragenden) Hinterbeine die Annäherung der beiden Linien „Vorhand/Hinterhand".

„Niemals aber, weder im Schulterherein noch in irgendeiner anderen Lektion auf zwei Hufschlägen", mahnen die alten Hasen, „sollte die Entfernung der beiden Linien mehr als 80 Zentimeter voneinander betragen".

Vor der nächsten Ecke stellst du dein Pferd wieder gerade. Die Ecke selbst und die folgende kurze Seite reitest du dann im versammelten Tempo und in sicherer Balance. Auf den Geraden beendest du das Schulterherein genau wie beim Schenkelweichen durch Einrichten der Vorhand auf die Hinterhand.

„Schulterherein auf dem Zirkel" ist eine bedenkliche Lektion, die du dir und deinem Pferd nicht antun solltest. Denn sie birgt die Gefahr in sich, dass du, statt die Schulter herein -, die Kruppe hinausstellst.

Eine prima Übung hingegen, die dir zeigt, ob dein Pferd während des Schulterhereins auch tatsächlich an den Hilfen steht, ist der Übergang aus dem Schulterherein zur Volte, natürlich auf einem Hufschlag. Hast du die beendet, kannst du dir aussuchen, ob du sie noch einmal genauso wiederholst, ob du geradeaus reitest oder ob du das „***Schulterherein***" fortsetzt.

Korrektes Schulterherein wird als die „Mutter aller Dressur" bezeichnet. Dieses Attribut trägt sie nicht wegen der spektakulären Seitwärtsbewegung, sondern auf Grund des zu erreichenden Biegungs- und Versammlungsgrades, der die flüssige Seitwärtsbewegung erst ermöglicht. Damit macht Schulterherein nicht nur die Schultern frei und alle anderen Gliedmaßen geschmeidig, sondern ist darüber hinaus die Basis für alle höheren Weihen der Dressur. In denen fördern Könner dann ***Versammlung*** und ***Aufrichtung*** bis zu dem individuellen Grad weiter, den ein Pferd körperlich aushält.

Soviel noch zu deinem Sitz: Achte darauf, dass du trotz der gesenkten inneren, gebogenen Seite und dem daraus resultierenden Hang, nach innen zu sitzen, nicht in der inneren Hüfte einknickst. Zieh' dich trotz deiner Kreuzeinwirkung nicht fest, sondern kontrolliere dich ständig, ob du geschmeidig in der Bewegungsrichtung mitgehst.

Lapidar aber wahr.

Kurz&bündig

Versammlung, Aufrichtung

Versammlung ist derjenige Zustand eines Reitpferdes, bei dem zum Absolvieren bestimmter Übungen oder Lektionen all seine Kräfte so zusammengefasst werden, dass die Vorhand durch vermehrte Lastübernahme der Hinterhand entlastet ist. Zur richtigen Versammlung ist es notwendig, dass sich der Rücken dehnt!
Wichtig: Nicht alle Pferde können den gleichen Grad an Dressurhaltung, also an Versammlung annehmen. Was bei ungünstiger Anatomie schon ein Höchstmaß an körperlicher und seelischer Versammlung darstellt, ist bei geborenen Reitpferden erst die Gebrauchshaltung.
Aufrichtung ist das Höhertragen von Hals und Kopf durch Senken der Hinterhand auf Grund ihrer vermehrten Beugung.
Die Aufrichtung ist Kennzeichen und Folge der Versammlung.
Die Aufrichtung ist eine relative, solange sie nur Folge der gesenkten Hinterhand und des passiv aushaltenden Zügels ist. Sie darf bei der Dressurarbeit nur so weit gehen, dass der hebelartig wirkende Hals den Rücken nur in der Lendenpartie, nicht aber hinter dem Widerrist senkt. Dieses fehlerhafte Senken des Rückens spürt der Reiter deutlich an einem Hohlwerden zwischen den Schenkeln. Der Grund dafür ist, dass die Hinterbeine nicht mehr richtig unter den durchgebogenen Rücken treten und die Grenze der noch zu verantwortenden Aufrichtung überschritten ist. Mit anderen Worten: Die Trag- und Beugefähigkeit der Hinterhand ist der Belastung durch die Vorhand nicht mehr gewachsen und die Hinterfüße entziehen sich dem Tragen durch Ausbleiben nach rückwärts.

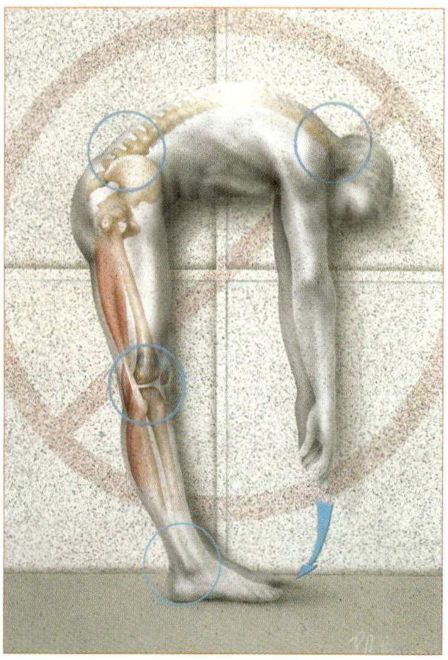

Von der Biegung zur Beugung: *Was der menschlichen Anatomie auf direktem Wege gelingt – das vertikale Beugen von Rumpf- und Beinen – gelingt beim Pferd nur über den Weg horizontaler Biegungen. So kompliziert der Sachverhalt zunächst erscheinen mag, so logisch ist er: Nach erreichter Dehnungsphase und der damit verbundenen Anlehnung erzeugst du im „Schultervor" bei deinem Pferd erst einmal eine leichte, lineare Längsbiegung, die durch seine ganze Wirbelbrücke verläuft. Durch schrittweise Verstärkung dieser Längsbiegung entwickelt sich im Laufe der Zeit aus dem eindimensionalen ein zweidimensionaler Gymnastizierungseffekt. Und zwar so: Je stärker du dein Pferd mit nach innen gestellter Vorhand um deinen inneren Schenkel in den Rippen biegst, desto mehr verändert diese Biegung die Stellung der Hüfte des Pferdes. Reitest du es nun an der Bande entlang vorwärts, kann das innere Hinterbein durch die veränderte Position des Hüftgelenks nicht mehr wie bisher seitlich in Richtung Bahninneres ausweichen, sondern ist gezwungen, in Richtung seines äußeren Hinterbeins zu fußen. Dabei senkt sich die innere Hüfte etwas und das innere Hinterbein wird stärker mit der gesamten Gewichtsmasse belastet als das äußere. Weitere Belastungssteigerungen, zum Beispiel durch Reiten auf dem Zirkel, führt dann auf Dauer nachhaltig zur (vertikalen) Beugung von Hüft-, Knie- und Sprunggelenk und somit zur Verbesserung von Tragkraft und Schwung.*
Das „Schulterherein" verstärkt die Beugung beider Hinterbeine zugleich und fördert die

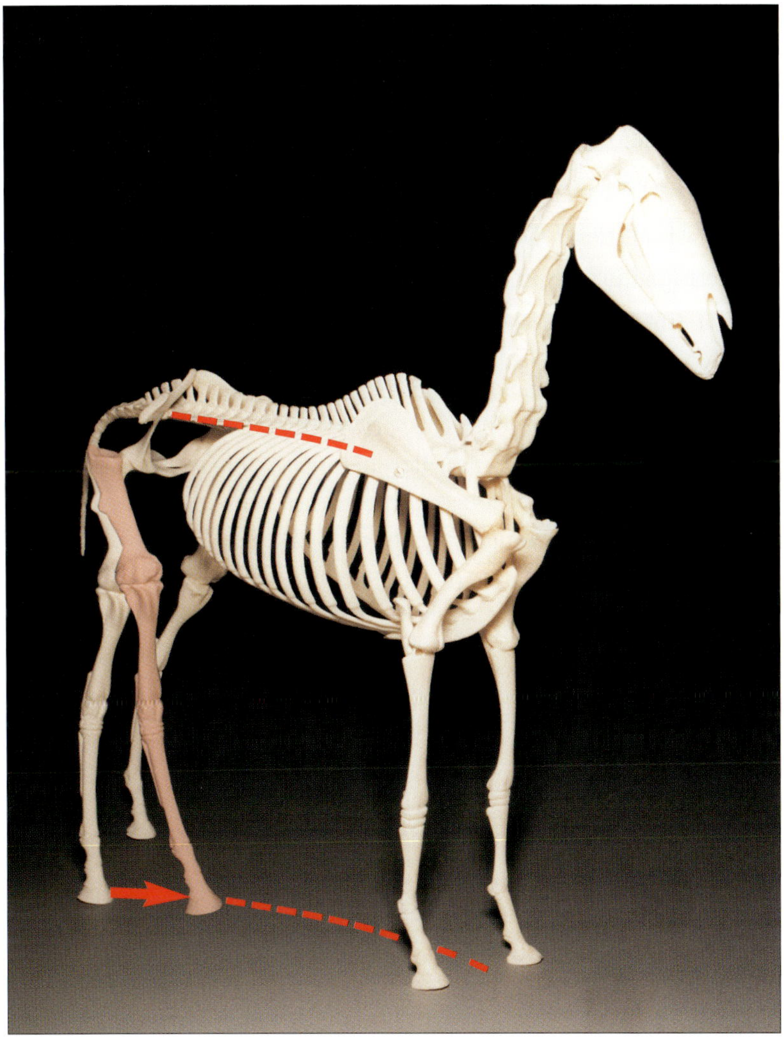

Versammlungsfähigkeit. Dabei entwickelt sich beim Pferd in etwa derselbe Gymnastizierungseffekt, wie er beim Menschen durch Rumpf- und Kniebeugen entsteht: Die Rückenmuskulatur, die die Wirbelsäule stützt, kräftigt sich dabei ebenso wie die Muskulatur, die die Hüft-, Knie- und Sprunggelenke zu stützen hat. Durch abwechselnde Biegeübungen auf beiden Händen im Schulterherein wird also über den Umweg der seitlichen Biegung mit der Zeit eine leichte Aufwölbung der gesamten Wirbelbrücke sowie die Beugung aller Hinterhandgelenke erreicht. Der Lehrsatz zu diesem Gymnastizierungsprozess könnte heißen: Von der Biegung zur Beugung. Erst ein Pferd, bei dem die ihm maximal mögliche Hankenbeugung erarbeitet ist, ist gerade gerichtet. In diesem fortgeschrittenen Ausbildungsstadium muss es dann ohne zu schwanken in der Lage sein, mit eng nebeneinander tretenden Hinterbeinen geradewegs die Spur seiner Vorderbeine einzuhalten, wobei es dann selbst in den stärksten Gängen auf geraden Linien auch optisch in seiner Körperrichtung vollkommen gerade erscheint (siehe kleines Foto rechts). Daraus erkennst du, dass Längsbiegungen bzw. Seitengänge nicht das vordergründige Ziel deiner Ausbildungsarbeit darstellen, sondern lediglich einen Etappensieg – auf dem mühevollen Weg, der für Turnierreiter leider der einzige ist, der zu reproduzierbaren Erfolgen und auf der Ausbildungsskala bis zur letzten Stufe führt. Zum Aufarbeiten verloren gegangener Geschmeidigkeit bzw. als ihr Gradmesser sind Längsbiegungen und Seitengänge allerdings immer wieder erste Wahl.

14 Wenn die Reitbahn zur Kampfbahn wird

Heutige Turnierwettbewerbe zeigen häufig bereits auf unterer Ebene und bei Turniereinsteigern schon unerfreulich viel Verbissenes und wenig verbindenden Sportgeist. Deshalb hege ich große Symphatie für bekennende Freizeitreiter, die im Gelände zwar 500 Quadratmeter für eine Galoppwendung benötigen, aber eben auch nicht mehr wollen, als entspannenden Spaß mit ihrem Pferd. Bezeichnenderweise sitzen die, die mit Turnieren nichts am Hut haben, nach Ausritten nicht selten auf losgelasseneren Pferden als Turnierreiter, für die das Thema „Losgelassenheit" Gesetz sein sollte. Zwar wird man die „Laissez-faire-Reiter" kaum von der Rittigkeit ihrer Pferde oder sauberem an-den-Hilfen-stehen schwärmen hören. Aber dafür sind ihre nicht wettkampfgeprüften vierbeinigen Freizeitkumpels auch nicht durch allzu ehrgeizige und zum Teil quälende Ausbildungsbemühungen gestresst. Damit bilden sie einen erfreulichen Gegensatz zu den Artgenossen, deren Besitzer sich vorgenommen haben, ihrer Umgebung zu zeigen, was sie „drauf" haben. Bei diesen Reitern ist dann häufig zu beobachten, dass sie mehrmals in der Woche nach verlorenen Auseinandersetzungen mit ihren widerspenstigen „Böcken" das dringende Bedürfnis verspüren, eine Überdosis Mensch-ärgere-dich-nicht-Figuren zu schlucken.

Ein Beispiel, stellvertretend für viele: Die Besitzerin einer achtjährigen Westfalenstute, ein ziemliches Kraftpaket (die Stute, nicht die Besitzerin), klagte mir ihr Leid. Sie erzählte mir, dass sie seit einiger Zeit „nicht mehr so richtig an ihr Pferd 'ran käme." Ihr Pferd ginge zwar fleißig voran, reagiere aber nur widerwillig auf ihre Hilfen und mache in der Bahn allzu oft, was es wolle. Galopp würde zum Ereignis, von Außengalopp ganz zu schweigen. Sie ertappe sich zunehmend dabei, wie sie ihre Arme als „lebende Ausbinder" benutze, wobei ihr die Stute dann erst recht die Arme aus den Schultern risse. Und das, obwohl das Pferd längst in Dressurpferdeprüfungen der Klasse „L" gegangen sei. Meine Frage, ob es L-Platzierungen hätte, verneinte sie.

Ihre Ausführungen, aber mehr noch, wie sie ihre Stute beschrieb, das machte mich neugierig. Ich verabredete mich für den folgenden Abend mit ihr in der Reithalle ihres Vereins, wo sie mir dann ihr Pferd vorstellen und vorreiten wollte. Beiläufig erfuhr ich, dass der Verein keinen fest angestellten Reitlehrer hat. Eine Handvoll aktiver Sportreiter engagierte zweimal in der Woche einen freien. Gut, da konnte ich auch keinem „Kollegen" in die Quere kommen. Dann kam die Stute in die Bahn. Tatsache: Ein richtiges Kraftpaket. Meiner Einschätzung nach im Kaliber eine Nummer zu stark für die Statur der Besitzerin. Die hatte mir aber schon tags zuvor erzählt, dass sie auf „Mickymäuse" nicht stehe. Ganz meinerseits. Allerdings stützt sich meine Vorliebe auf eine gewisse Basis: Ich bin einssiebenundachtzig groß und wiege sechsundachtzig Kilo – ohne Reitklamotten.

Ich beobachtete das Paar eine Zeit von der Tribüne aus. Dabei war kaum zu übersehen, dass die Stute mit einem Mordsschub mehr oder weniger die Entscheidung darüber traf, wie sie sich vorwärts bewegen wollte. Die Reiterin bemühte sich ihrerseits redlich, dem Tier ihre Auffassung von einer geordneten Reitstunde und von korrekten L-Lektionen nahe zu bringen. Ich versuchte, mit ein paar standardmäßigen Tipps Ruhe in das vor mir ablaufende Schauspiel und die Stute an die Reiterhilfen zu bringen. Da aber unser beider Bemühen auch nach dreißig Minuten noch kein nennenswerter Erfolg beschieden war, schlug ich vor, selbst in den Sattel zu steigen, was der Reiterin eine dringend benötigte Verschnaufpause und mir tiefere Einsichten in das vorliegende Problem verschaffen sollte. Kaum dass ich im Sattel saß, trat die Stute an. Die Zügel aufnehmend, hätte ich genauso gut versuchen können, mit zwei Seilen einen hundertjährigen Baum umzuziehen. Mit dem Unterschied, dass der stehen geblieben wäre. Die Stute jedoch lief sofort vor meinem Schenkel weg und versuchte konstant, mir dabei mit scheinbar gefühllosem Maul die Hand zu binden und in allen drei Gangarten das Tempo zu diktieren. Natürlich ohne die geringste Selbsthaltung. Von bummelnder Zwanglosigkeit, die mir wenigstens ein gewisses Maß an temporegulierender Einwirkung erlaubt hätte, steckte in dem Tier nichts mehr.

Ich hätte in jenem Moment mit jedem gewettet, dass ich auf einer Eisenbahnschwelle weicher saß und beneidete spontan meine Vorreiterin um ihren elastischeren Sitz, der den tatsächlichen Zustand des Rückens vom Boden aus kaum erkennen ließ.

Die Stute war kompakt und das Gegenteil von triebig. Meine Absicht war, unser beider Schwerpunkt erstmal ein Stück weg von der Vorhand und in Richtung Körpermitte zu rücken. Dazu verkürzte ich ihren Schritt fast auf Zeitlupentempo. Zwangsläufig mussten sich dadurch ihre Hinterbeine mehr stützend als schiebend bewegen, was ihr natürlich mächtig an den „Hosen" und mir in den Armen zog. Ich erhoffte mir davon, dass sich dadurch früher oder später auch ihre Rücken- und Halsmuskulatur strecken würde. Bewegte sich beides nicht, würde ich über alles Weitere gar nicht mehr nachdenken müssen.

Für das Ganze war ein Maß an Kreuz und Kraft nötig, über das die Besitzerin unmöglich verfügen konnte. Das Problem, das ich von Anfang an vermutete, bewahrheitete sich schon auf der ersten langen Seite: Das Pferd ging auf Grund seines starken Motors entweder zu eilig (und natürlich mit entsprechender Wucht auf der Vorhand) oder es verstand meine kräftig durchhaltende Hand als ganze Parade und blieb stehen. Ein ruhiges, abgekürztes Tempo dazwischen gab's nicht. Es war das altbekannte Problem: Die Schubkraft dahingehend auszubilden, dass das Pferd die Dehnungshaltung schaffte, hatte die Reiterin offensichtlich nicht oder in letzter Zeit nicht mehr hingekriegt.

Ich war noch etwa fünfzig(!) weitere Minuten beharrlich (und sicher auch unter Preisgabe reiterlicher Eleganz) nach obigem Rezept bemüht, im Trab den unkontrollierten Schub einzufangen. Dann hatte ich endlich ein Arbeitstempo erkämpft, das ***ich*** steuern konnte. Wobei mir glücklicherweise zugute kam, dass die Stute bei meinen Disziplinarmaßnahmen kein nennenswertes Nerven- oder Temperamentsproblem zeigte. Zwar verfiel sie zunächst immer wieder und kaum merklich in ihr gewohntes Vorhandtempo, war dann aber nach einigen Dutzend weiteren versammelnden Paraden in der Lage, das verlangte ruhige Grundtempo nicht nur zu akzeptieren, sondern nun auch ohne größere Einwirkungen mit einer bis in die Halswirbel gestreckten Rückenmuskulatur im Gleichgewicht beizubehalten. In dieser Weise ließ ich die Stute dann noch etwa zehn Minuten mit nur ganz leichter Verbindung und ohne jeden Biegungszwang traben.* Ich wollte an diesem Abend nicht mehr von ihr, als dass sie Vertrauen zu dem bekam, was da neuerdings mit ihr geschah. Selbstredend war ihre jetzt eingetretene, ungewohnte Gleichgewichtssituation noch ziemlich labil. Das heißt, sie akzeptierte zwar leichten Schenkeldruck schon mit weniger Hektik, aber sobald ich den Druck oder auch die Innenstellung nur minimal verstärkte, war sie sofort bereit, wieder

** Ähnlich dem Zügel-aus-der-Hand-kauen, nur halt eben noch ohne tragende Hinterhand, deshalb konnte von wirklicher Anlehnung in diesem Moment auch noch keine Rede sein.*

davonzulaufen. Klar, dass sie sich unter mir mit ihrem lang vorgestrecktem Hals alles andere als erhaben und natürlich auch ohne konstante Selbsthaltung bewegte. Aber immerhin – und darauf war es mir als Erstes angekommen – im Takt ohne zu eilen. Sie stützte sich auch bei Wendungen kaum noch auf meine Hand. Um das Maß des Wohlgefühls voll zu machen, reagierte die Stute zu guter Letzt auf Gewichtshilfen und zeigte im Trab Ansätze eines schwingenden Rückens. Besser gesagt, sie ließ plötzlich spüren, dass sie überhaupt einen Rücken besaß. Der war durch die vorangegangenen anderthalb Stunden zwar nicht schlagartig biegsam geworden, aber die Bereitschaft, zukünftig für korrekte L-Lektionen biegende Übungen zu akzeptieren, war bei der schweißnassen Delinquentin hergestellt. Alles in allem war ich davon überzeugt, ein vorzeigbares Ergebnis erarbeitet zu haben, denn es ist in Fällen wie dem geschilderten keineswegs selbstverständlich, Takt und Losgelassenheit schon beim ersten Korrekturversuch hinzukriegen.

Die Halle dampfte. Immerhin waren Pferd und Reiter zu diesem Zeitpunkt fast zwei Stunden „in Betrieb". Wer mehr Wasser bei diesem Zweikampf verloren hatte, Tier oder Mensch, war angesichts des Ergebnisses zweitrangig. Wichtig wäre gewesen, der Besitzerin die eine oder andere L-Lektion vorzureiten. Nach Möglichkeit besser, als sie selbst es konnte.

Dass es ihr insgeheim nur darum ging, hatte ich zunächst nicht kapiert. Es klingelte erst bei mir, als sie mir dieses Versäumnis mit folgendem stacheligen Kommentar quittierte: „Na sagen Sie mal, das hatte mit Dressurreiten aber nicht viel zu tun. Das sah zuletzt ja aus wie Westernreiten. Mein Pferd ging doch völlig ohne Anlehnung auf der Vorhand. Wissen Sie, so weit war ich mit ihm schon vor drei Jahren."

Mich überfiel einer meiner sprachlosen Momente. Gedacht habe ich: „Schade, dass Sie da nicht entlang der Ausbildungsskala weiter gemacht haben. Dann ginge Ihr Pferd heute mit Platzierungschancen mindestens in L-Prüfungen; die Qualität hat es allemal."

Einzelheiten der nachfolgenden Diskussion erspare ich dir. Nur so viel: Ich konnte die zutiefst enttäuschte Frau nach meinen Anstrengungen von vielem nicht überzeugen. Zum Beispiel nicht davon, dass Westernreiter insofern ein Kompliment verdienen, als sie ihre Pferde kaum je mit falsch verstandener Versammlung um ihre Hinterhandaktivitäten bzw. um ihren natürlichen Gang bringen. Auch nicht davon, dass bei der Stute wahrscheinlich durch jahrelange falsche Einwirkung nicht nur die Losgelassenheit auf der Strecke geblieben war, sondern sogar ihre angeborene Zwanglosigkeit. Und dass sie deshalb selbst bei erkennbaren L-Lektionen nicht nur gelegentlich auf der Vorhand ging, sondern dauernd und nicht erst seit gestern – auch keineswegs fleißig, sondern übereilt. Und natürlich völlig schief. Sie sah natürlich auch nicht ein, dass das bei fehlender Losgelassenheit ein Dauerzustand bleibt. Dazu hatte ich sie wohl zu sehr in ihrem Ego getroffen.

Mein verehrter Deutschpauker, Dr. Hagemann, hakte ähnliche Fälle zumeist so ab: „Im Lande Hegels gilt die Realität als unwahrscheinlich."

In einem Punkt musste ich ihr allerdings Recht geben: Mit Dressurreiten hatte meine schweißtreibende Darbietung wirklich wenig zu tun. Es waren halt Korrekturmaßnahmen. Die sollten zur Vermeidung von Rufschädigungen unter Ausschluss von Publikum stattfinden, zu dem in besonderen Fällen auch Pferdebesitzer zu zählen sind. Eine an sich alte Erfahrung. An diesem Abend bestätigte sie sich einmal mehr.

Möglicherweise hätte ich zum Abschluss tatsächlich noch die eine oder andere korrekte L-Lektion probieren können, aber nach zwei Stunden und dem erzielten Resultat schien es mir für's Erste genug. Die Verbindlichkeit der Ausbildungsskala an einem einzigen Abend beweisen zu wollen, ist genauso töricht, wie sie zu ignorieren. Außerdem machte mir der Gedanke zu schaffen, dass ich zukünftig in dieser Reithalle womöglich das Image eines Tierquälers nie mehr so ganz loswerden würde.

Im Übrigen: Auch unter dem stärksten Reiter wird ein Pferd, dass sich jahrelang zum routinierten Vorhandgänger entwickelt hat, nicht von jetzt auf gleich schon deshalb schwungvoll gehen, weil der es mit mehr Hand-, Kreuz- und Schenkeleinwirkung „packt". Ganz einfach, weil dem Tier auch unter einem solchen Reiter zunächst die gymnastischen Voraussetzungen fehlen, die zur Hankenbeugung und damit zur Schwungentwicklung führen. Dazu sind viele Ausbildungsmonate nötig. Die Ausbildungsskala ist – obwohl sie Wunder bewirkt – weder ein Wundermittel, noch ein Schnellkochtopf für Instant-Tainingsrezepte.

Wie gesagt, mit dem Zweibeiner gelang mir ein Konsens nicht. Wie so oft im Leben lief es auch an diesem Abend nach der Devise:

Kommen Sie mir ja nicht mit Tatsachen. Es gibt sie wirklich, die Menschen, die belogen werden wollen. Die zu stolze Dame ertrug es nicht, dass ihr „L-Pferd" auf meine Korrektureinwirkungen hin seinen tatsächlichen Ausbildungsstand offenbarte: Im Sinne der Ausbildungsskala war die Stute nicht wesentlich über das Stadium des Anreitens hinausgekommen, trotz ihrer acht Jahre. Von federnder Anlehnung, Beizäumung, Durchlässigkeit, Selbsthaltung, eben von all den physischen Voraussetzungen, die für fortgeschrittene Dressurprüfungen nun mal sein müssen (erst recht, wenn sie auf Kandare zu reiten sind), keine Spur. Originalton der Besitzerin: „Wieso fehlt die Losgelassenheit? Wenn ich meine Stute zehn Minuten geritten habe, ist ihre Muskulatur losgelassen.* Außerdem hat sie doch längst gezeigt, dass sie L-Prüfungen gehen kann."

** Ich denke, sie verwechselte eine losgelassene Muskulatur mit einer aufgewärmten und hatte einfach nicht das Wissen, dass sich Losgelassenheit erst mit einsetzender Hankenbeugung ergibt.*

Regelrecht pikiert reagierte sie, als ich daraufhin die Prognose wagte, dass ihre Stute beim derzeitigen Ausbildungsstand nur mit viel Glück Platzierungschancen hätte. Aber besonders groß seien die weder in „L" noch darunter. Deshalb wäre es meines Erachtens vernünftig, einen Schritt zurückzugehen, nämlich Takt, Losgelassenheit, Anlehnung und Beizäumung korrekt zu erarbeiten. Um damit dann die entscheidenden Schritte weiter zu kommen: Die, die ihr ermöglichten, die Längsbiegungen aufzuarbeiten, die für L- und alle höheren Prüfungen nun mal unerlässlich sind. Die L-Lektionen (ich habe nicht danach gefragt, wer sie dem völlig schiefen Pferd eingetrichtert hatte) würde es derweil schon nicht vergessen.

Das menschliche Problem dieser Episode illustriert perfekt ein arabisches Sprichwort: „Hast du ein Brunnenloch an falscher Stelle gegraben, wird es sich nicht dadurch mit Wasser füllen, dass du es immer tiefer gräbst."

Bleibt noch nachzutragen, dass die leicht konsternierte Pferdebesitzerin meinem Vorschlag nicht folgte, sich abschließend noch einmal auf ihr Pferd zu setzen, um den völlig veränderten physischen Zustand nachzufühlen. Schade. Es hätte sie bestimmt genauso zum Nachdenken veranlasst, wie mich damals in Holstein. Eine nachhaltige Lektion hatte aber auch ich an jenem Abend mit nach Hause genommen:

Eitelkeit ist ein miserabler Trainer.

Also gut, vielleicht muss ich mir den Vorwurf gefallen lassen, dass ich es an der nötigen Diplomatie habe fehlen lassen. Aber erstens hatte ich schon alle Hände voll damit zu tun, mich auf das Pferd einzustellen und zweitens, was hätte ich machen sollen, nachdem ich mich leichtsinnigerweise bereit erklärt hatte, der Sache auf den Grund zu gehen? Statt vorbildlich im Sattel, saß ich zwischen den Stühlen: Ich konnte und wollte die mangelhafte Rittigkeit nicht so geschickt überspielen wie die Besitzerin. Sicher, ihr war selbst aufgefallen, dass da irgendwas mit ihrem Pferd nicht nach Wunsch lief. Ohne Trainingshilfe hatte sie wohl irgendwann bei der ganzen Problematik die Übersicht verloren und dann – mangels Einsicht in die Ausbildungsskala – ihrem Pferd die unüberwindlich scheinenden Schwierigkeiten angelastet. Auf alle Fälle hatte sie die nicht mehr als das erkannt, was sie wirklich waren: Barrieren, die ihren Turnierträumen im Wege standen.

Die Sache war ja auch nicht einfach. Die meisten verrittenen Pferde kultivieren im Laufe ihrer Zeit auf der Vorhand in typischer Weise mehr Schein als Sein: Allem Anschein nach gehen sie im Takt, da am Gleichmaß ihrer Bewegung auf den ersten Blick wenig auszusetzen ist. Auch zu schnelle oder zu langsame Tritte können ja bekanntlich regelmäßig und im Takt erfolgen. Falsch verstandenes „Vorwärts" wird gerne mit Fleiß, aktiver Hinterhand oder als individuelles Arbeitstempo interpretiert. Dass dabei der Reiter eines solchen Pferdes nie richtig zum Treiben kommt, wird er selten als unangenehm empfinden, kommt er doch auf diese Weise auch weniger aus der Puste. Wenn man noch jung und in der Mittelpositur elastisch genug ist, kann man auch den festgehaltensten Rücken eine Zeit lang kaschieren, zumindest bis zum Mitteltrab. Als routinierter Vorhandläufer kann kein Pferd korrekt, d. h. mit federnder Anlehnung, an den Hilfen stehen. Deshalb lässt es auch weiche, momentane Handeinwirkungen nicht vom Genick bis zu den Hinterfüßen durch, sondern reagiert mehr oder weniger nach dem Motto „Ruck ins Maul, schon steht der Gaul." Also lediglich auf Grund eines zurechtgezupften Arrangements. Nach dem x-ten Ruck hat jedes Pferd kapiert, dass es halten soll. Dann müssen irgendwann selbst derartige „ganze Paraden" nicht mehr so derbe kommen.

Mit Durchlässigkeit hat das nichts zu tun.

Nun ja, am unteren Teil des Halses zeichnet sich auch etwas viel Muskulatur ab und unter dem Mähnenkamm ist's ein bisschen dünn. Aber ist das nicht bei anderen Pferden ebenso?

Nur bei denen, die sich nicht von hinten nach vorn und mit schwingendem Rücken in Anlehnung strecken.

Sogar Kopf und Hals halten diese Pferde einigermaßen in die Richtung, die nach Volkes Meinung die richtige ist. Na ja, die Nase könnte vielleicht ein wenig vor die Senkrechte, aber sonst sieht's doch ganz gut aus...?!

Sofern einem fehlende Beizäumung nicht fehlt.

Echt lästig ist allerdings, dass jedes Mal beim Rückwärtsrichten Kopf und Hals hochfliegen, als hätte jemand kurz einen Schweißbrenner darunter gehalten. Das müsste das widersetzliche Vieh irgendwann mal lassen, weil das in Prüfungen vor den Richtern unheimlich schwer zu verbergen ist.

Trotz all dieser unübersehbaren Hinweise hatte sich meine verunsicherte Gesprächspartnerin so lange die Sache schön geredet, bis ihr ganz persönlicher wunder Punkt zu schmerzen begann: Die Turnierplatzierungen, die sich trotz ihres zweifellos großen Engagements nicht einstellen wollten. Und die Verbesserungsempfehlungen, die sich in den Prüfungsprotokollen wiederholten? Sie war zutiefst davon überzeugt, daran zu arbeiten. Offensichtlich aber mit falschen Mitteln und Maßnahmen, was uns wieder zum Anfang der Geschichte bringt: Genau deshalb kam die gefrustete Frau nicht mehr „so richtig ran an ihr Pferd."

Der geschilderte Fall ist kein Einzelfall. Was ihn zur besonders harten Nuss machte, war das Zusammentreffen mehrerer Negativfaktoren: Erstens denke ich, dass besagte Dame meinen Erklärungen weniger sperrig begegnet wäre, wenn ich mich als Olympiasieger hätte outen können; der Prophet gilt ja bekanntlich nichts im eigenen Lande.* Zweitens hatte sie für ihren relativ hohen sportlichen Anspruch zu geringe Kenntnisse von den Inhalten der Ausbildungsskala. Aber selbst wenn dem nicht so gewesen wäre, hätte sie, drittens, aller Wahrscheinlichkeit nach größte Schwierigkeiten mit der Umsetzung gehabt, weil ihr Pferd für ihre Einwirkungsmöglichkeiten körperlich zu stark war.** Auch ich hatte ja wörtlich am eigenen Leib zu spüren bekommen, dass meine Bemühungen, die Stute auf den Pfad der Tugend, weg von der Vorhand, zu führen, auf Kraft raubende Gegenwehr stießen.

Ausgesprochen peinlich werden solche Bemühungen, wenn sie innerhalb eines vertretbaren Zeitrahmens nicht zum gewünschten Erfolg führen. Dieses Risiko besteht bei „Muskelprotzpferden" durchaus. Man kann sagen, je mehr Jahre solche Typen auf der Vorhand hinter sich haben, desto mehr leisten sie Widerstand gegen

* Andererseits muss ich zugeben, dass nicht jeder, der im eigenen Land nichts gilt, auch ein Prophet ist. Das trifft bevorzugt im Reitsport zu.

** Was eine alte Erfahrung bestätigt: Es kommt nicht ausschließlich darauf an, ein gutes Pferd zu finden, sondern eines, das zum jeweiligen Reiter passt.

Hankenbeugung. Einfach, weil sich bei ihnen in fortgeschrittenem Alter die Muskulatur nur noch unter größten Anstrengungen umformen lässt. Wären Pferde mit Vernunft begabt, könnte man ihnen unterstellen, dass sie nach all der „bequemen" Zeit auf der Vorhand nicht mehr einsehen, warum sie sich plötzlich der mühsamen, lästigen, weil an den Muskeln zerrenden Tortur der Beugung ihrer Hinterhandgelenke unterziehen sollten; in Sachen „Gymnastik" sind die meisten Pferde nicht ehrgeiziger als die meisten Menschen.

Freizeitpferde könnten an dieser Stelle vielleicht zu Recht fragen „Warum auch". Einmal abgesehen davon, dass auch für sie eine entlastete Vorhand gesünder wäre, könnte man ihnen diesen Einwand nur gestatten, wenn sie ihrem Wesen nach so gelassen konstruiert sind, dass sie im Jagdgalopp auf dem Stoppelfeld ihre Passagiere nicht dadurch in Todesangst versetzen, dass sie ihnen von Sprung zu Sprung mehr die Hand nehmen, sondern wenigstens so weit „beim Reiter bleiben", dass sie sich unter allen Umständen durchparieren lassen. Für Turnierpferde jedoch stellt sich diese Frage a priori aus den aufgezählten Gründen nicht.

Ich kann mir denken, was du jetzt fragen willst: Gilt das nur für Dressurpferde? Natürlich nicht. Mindestens bis „L" sollten beide Fakultäten die gleiche Ausbildungsbasis haben. Aber natürlich sehe auch ich bei so ziemlich jedem ländlichen Turnier eine beträchtliche Anzahl Pferde, die geradezu artistisch über den Parcours gebracht werden. Obwohl sie im Viereck nicht mal die ersten beiden Stufen der Ausbildungsskala schaffen würden, gewinnen sie dennoch auf Grund ihrer angeborenen Vorsicht. Waren diese „Glücksspringer" meine Turnierwettbewerber, habe ich ihnen ihre eventuellen Siege gerne gegönnt – ohne den jeweiligen Reiter um sein Pferd oder gar den Reiter selbst beneidet zu haben. Mir fehlt im Springen zu einer Reitweise, bei der ich mich dem Pferd mangels Durchlässigkeit auf Gedeih und Verderb ausliefern muss, ganz einfach das Vertrauen oder – wie ganz zu Anfang ja schon eingestanden – das Talent. Da nun mal bei Springpferden, die fehlerfrei einen Parcours beenden, ausschließlich das Ergebnis zählt, kann man solchen Künstlern schwerlich Ausbildungsmängel nachweisen.* Das spricht aber weder für Springreiter, die sich einen warmen Pferdeappel um die Ausbildungsskala scheren, noch stellt es die Ausbildungsskala selbst in Frage. Im Gegenteil. Fragen muss man sich, um wie viel besser, sicherer oder schonender solche Springtalente ihren Job tun könnten, wenn sie zu hause nach den Zielen der Ausbildungsskala gearbeitet

** Bei Dressurpferden, die nach Beendigung ihrer Prüfungsaufgabe beim Zügel-aus-der-Hand-kauen statt sich zu strecken, auf halbem Weg nach unten „hängen" bleiben, ist das wesentlich leichter.*

würden. Die bleibt denn auch die Antwort darauf keinen Augenblick schuldig: Die Erfolgsbilanz deutscher Spitzenreiter während der letzten Jahrzehnte beruht im Wesentlichen auf der Ausbildungsskala. Die lehrt auch Springreiter, dass selbst ein Ausnahmepferd noch mehr „in der Kiste" hat, wenn es nicht nur aus gebeugten Sprung- und Fesselgelenken abdrückt, sondern dank gründlicher Gymnastizierung gelernt hat, beim Absprung auch die versammelte Federkraft seiner Hüft- und Kniegelenke einzusetzen. Diese Fähigkeit erlaubt im Parcours nicht nur engere Wendungen und damit kürzere, zeitsparende Wege, sondern sie zahlt sich auch aus, wenn das Pferd in engen Kombinationen „zurückkommen" muss, bzw. zu nah an ein Hindernis gerät und sich von „zu weit drunter" über den Sprung hebeln muss. Die Könner unter den Springreitern beweisen denn auch immer wieder, dass Hankenbeugung und Raumgriff einander nicht ausschließen, sondern beides bei Bedarf abrufbar ist.

Selbstverständlich ist im Parcours in erster Linie das energische Vorwärts mit maximalem Raumgriff angesagt, für den Durchschnittsreiter aber nicht unter allen Umständen empfehlenswert. Denn das mit weitem Rahmen und freiem Hals dahingaloppierende, durchgymnastizierte Pferd, das von Routiniers mit diskreten Hilfen und „perfektem Auge" stets passend selbst an die „dicksten Klötze" herangebracht wird, hat nichts gemeinsam mit dem undurchlässigen, fernab seines Gleichgewichts dahinstürmenden Pferd, das jede Auseinandersetzung mit dem verzweifelt um Einwirkung bemühten Reiter gewinnt. Nur die Turnierreiter, die so intelligent sind, nach den Gesetzen der Ausbildungsskala zu arbeiten, erzielen bei gesteigerten sportlichen Anforderungen reproduzierbare Erfolge.

Apropos „Intelligenz": In dem Zusammenhang fällt mir ein prächtiges Bonmot von Hans-Heinrich „Micky" Brinkmann* ein. Ich hatte als junger Mann das Glück, ihn, der zu der Zeit Anfang sechzig gewesen sein mochte, bei einem mehrwöchigen Springreiterlehrgang in der Deutschen Reitschule als Lehrgangsleiter und Parcoursbauer zu erleben. In seiner geschliffenen, manchmal leicht dozierenden Sprache blitzte ab und zu ein Hauch von intellektueller Arroganz durch. Die glaubte er wohl seinem Status als ehemaliger Rittmeister schuldig zu sein. Doch egal, wie er was sagte – er formulierte stets auf den Punkt, manchmal mit einer ordentlichen Portion Sarkasmus. So auch das: „Mit Stroh im Kopf nutzt Gold im Hintern wenig." Und noch etwas kennzeichnete ihn: Er verabscheute Kämpfe in der Reitbahn aus tiefster Seele.

** Der Stilist der Kavallerieschule Hannover im Springsattel und mehrfacher Sieger auf der Piazza di Siena im Park der Villa Borghese. Wir Lehrgangsteilnehmer wussten, dass er – bevor er zur Kavallerieschule abkommandiert wurde – eigentlich Dirigent werden wollte und nannten deshalb seine Parcours respektvoll „Rhapsodien in Holz". Mein damaliger Wallach „Goldlack" (v. Goldfisch II) war davon so ergriffen, dass er gelegentlich unvermittelt und mit einer gewissen Andacht vor der einen oder anderen Stangenkomposition stehen blieb.*

Noch heute habe ich H.-H. Brinkmanns Worte im Ohr: „Richtig ist das, was mir die meiste Einwirkung auf mein Pferd garantiert."

15 Checkliste für eine Reitstunde

Reiten ist ein Sport, bei dem man es mit Körper, Kopf und Knete vielleicht nach einer gewissen Zeit zur Meisterschaft bringen kann, bei dem man aber selbst dann noch mit absoluter Gewissheit beinahe jeden neuen Tag im Sattel dazulernt. Wer sich für so gut hält, dass er aufhört, sich zu hinterfragen, wird plötzlich auf den schlichten, aber schlüssigen Schnack stoßen, den ich seinerzeit aus Holstein mitgebracht habe: „Düvel över Düvel". Was heißen soll, dass jeder irgendwann auf jemanden trifft, der ihm über ist. Das gilt für alle Leistungsebenen und keineswegs nur im Reitsport.

Ich, du, er, sie, es – jeder Reiter kommt irgendwann an einen Punkt, wo er Hilfe vom Boden aus nötig hat und meistens schleicht sich dieser Punkt ein, sodass er nicht mitkriegt, wann es so weit ist. Deshalb starte ich zum Abschluss den Versuch, dich davon zu überzeugen, dass es auch dem größten Individualisten (von denen die Welt der Reiter ja voll ist) gut ansteht, gelegentlich Fragen nach dem eigenen Tun zu stellen. Was Profis nutzt, steht dem ambitionierten Amateur nicht schlechter an, denn hier wie da steht die Verantwortung für ein abhängiges Lebewesen im Hintergrund.

In diesem Sinne steckt schon ein erster Betrachtungspunkt in der Überschrift dieses letzten Kapitels: Es hat sich eingebürgert, dass eine Reitstunde in der Bahn sechzig Minuten dauert. Wieso eigentlich? Wo steht für einen Reiter mit eigenem Pferd geschrieben, dass eine Reitstunde tatsächlich sechzig Minuten zu haben hat?! Muss es für das Pferd dort überhaupt eine Stunde sein? Und für jenes da, mit 'nem Rücken wie ein Schalbrett, ist das mit einer Stunde überhaupt ausreichend bedient?

Ich greife dieses Beispiel deshalb als Erstes auf, um die Ausbildungsstatik, die zumeist in Reitbahnen ohne kompetenten Reitlehrer herrscht, anzusprechen. Aber auch, um darauf aufmerksam zu machen, gegen welche Statik ein hauptamtlicher Reitlehrer tagein tagaus ankämpfen muss. Kein Wunder, wenn er sich eines Tages vom Acker macht, um einer Gemütskrankheit zu entgehen. Einem Profi-

Ondit zufolge soll es einem Reitlehrer ohne Reitschüler weitaus besser gehen, als Reitschülern ohne Reitlehrer.

Ich weiß es nicht.

Auf jeden Fall bleiben wir noch einen Moment in einem solch reitlehrerlosen Stall. Hier herrscht ein Ritus vor, der dir womöglich nicht fremd ist: Man kommt nach getaner Arbeit zu seinem Pferd, nölt während des Putzens über den Stress des Tages (das tun selbst Schüler schon mit Inbrunst), und dass ruhig ein bisschen mehr Stroh in der Box sein könnte, sattelt, setzt sich auf sein Pferd und reitet ein Stündchen. Der oder die eine mit mehr Ambition, der oder die andere mit weniger. Danach Trockenreiten (hoffentlich), absatteln, Hufpflege (hoffentlich), eventuell noch kurzes Thekenreiten im Casino, dann ab nach Hause. Tschö, bis morgen. Ach, schon wieder.

So geht das dienstags, mittwochs und donnerstags, samstags und sonntags, freitags wie montags. Bei einer Minderheit wird dieser Trott von gelegentlichen Turnierwochenenden unterbrochen. Da ist dann wieder Stress. Nur ganz anders.

Was genau passiert eigentlich die Woche über ohne konsequente Reitlehrerbetreuung mit unserem tollen Hobby?

In jeder Reitbahn ländlicher Reitervereine findet man zwei Sorten von Reitern. Einige wenige wollen leistungsorientiert reiten, also Turniere. Die überwiegende Mehrheit nicht. Eigentümlicherweise „arbeiten" die vielen, die wenig wollen, scheinbar ihre Pferde genauso wie die wenigen, die viel wollen. Warum tun die das?

Die Antwort mag dir absurd erscheinen, aber sie ist deshalb nicht weniger wahr: Erstens schauen sie's ab von denen, die es vermeintlich können, weil „die reiten ja Turniere". Zweitens, „irgendwas muss man doch in einer Reitstunde mit seinem Pferd machen, nich?"

Dabei entsteht, ganz sachlich betrachtet, folgende Situation: Es werden Dinge übernommen, die richtig sind, und es werden Dinge übernommen, die falsch sind. Was überwiegt, lasse ich mal unbewertet. Tatsache ist, dass sich das Szenario Tag für Tag wiederholt. Und das prägt die beteiligten Reiter bis hin zu einem typischen „Vereinsstil". Mit der Zeit reitet dann jeder in dem berühmten Wald, den er vor lauter Bäumen nicht mehr sieht. Im Wirtschaftsleben nennt man so was Betriebsblindheit: Irgendwann hat man die Übersicht zum großen Ganzen verloren.

Du ahnst sicher, worauf ich hinaus will.

Ich möchte dich animieren – falls du es nicht längst von dir aus tust – in Zukunft mit mehr eigenem Plan in die Reithalle oder auf den Reitplatz zu gehen. Fasse zu Beginn jeder Reitstunde ein ganz bestimmtes Ziel ins Auge. Das darf ruhig ein kleines sein. Hauptsache, es wird den Stufen der Ausbildungsskala und in diesem Sinne deinem Pferd und deinem reiterlichen Vermögen gerecht. Steig dann von deinem Pferd, wenn du es erreicht hast.

Spul' nicht gedankenlos im kollektiven Schema irgendwelche eingefahrenen Programme in der Bahn ab (als pure Bewegungstherapie ist zwanzigminütiges Freilaufenlassen in der Halle viel besser), sondern reite so, dass du zu jedem Zeitpunkt einem Fachmann die Frage beantworten könntest, was du da gerade mit und auf deinem Pferd tust.

Hast du Turnierambitionen, geh' selbstkritisch mit dir um: Frage dich ganz emotionslos, auf welchem Ausbildungsstand du mit deinem Pferd wirklich bist und wohin du als nächstes mit ihm hinkommen kannst. Vielleicht ist das dann der Moment, an dem du feststellst, dass es klüger wäre, nach dem bekannten Beatles-Song weiterzumachen „With a little help from my friends", sofern sie kompetent sind, natürlich.

Damit wir uns recht verstehen: Es geht ganz und gar nicht darum, dass du jedes Mal, wenn du dich in den Sattel schwingst, krampfhaft bemüht sein solltest, fehlerfrei zu reiten; das gelingt niemandem. Es geht aber sehr wohl darum, dass du selbstständig erkennst, wann und welche Fehler dir im Sinne der Ausbildungsskala unterlaufen. Damit du gravierende Macken erstens mit der Zeit ausmerzen lernst und zweitens auf diese Weise deinem Pferd mehr nützt als schadest, zumindest im Großen und Ganzen. Sicher, auch das Fehlererkennen verlangt schon jahrelanges Reiten. Aber Reiter, die sich Rechenschaft über ihr Tun ablegen, können die Zeit, die jeder zur persönlichen Verbesserung nötig hat, abkürzen. Und solltest du dabei zu der Erkenntnis kommen, dass es sinnvoll ist, noch einmal bei Stufe eins anzufangen – hab' keine Hemmungen. Dieser scheinbare Schritt zurück wird sich in Wahrheit schon nach kurzer Zeit für dich und dein Pferd als ein riesiger Schritt vorwärts herausstellen. Ich weiß, wovon ich rede.

Also, leg dir – wie ein Pilot vor und nach jedem Start – eine Checkliste an, mit der du während und nach jeder Ausbildungs-„Stunde" deine Arbeit überprüfen kannst.

Folgende Fragen solltest du mindestens auf deiner Liste haben und mit „ja" beantworten können.*

Habe ich heute geschafft,

- ❑ *für mein Pferd das Arbeitstempo zu finden, bei dem es sich losgelassen, im Takt und mit schwingendem Rücken in allen drei Grundgangarten von mir treiben ließ?*
  Wenn nicht, warum nicht?
- ❑ *mein Pferd so zu treiben, dass es in Dehnungshaltung vertrauensvoll an meine aushaltende Hand herantritt?*
  Wenn nicht, warum nicht?
- ❑ *das gummizugartige Federn der Anlehnung gleichmäßig an bei den Zügeln zu fühlen?*
  Wenn nicht, warum nicht?
- ❑ *mein Pferd so in Anlehnung zu reiten, dass sein Genick stets der höchste Punkt seines Halses war?*
  Wenn nicht, warum nicht?
- ❑ *Handwechsel so zu reiten, dass dabei mein Pferd auf allen Linien ohne zu schwanken und „in Spur" gegangen ist?*
  Wenn nicht, warum nicht?
- ❑ *alle Wendungen so zu reiten, dass mein Pferd dabei in Takt und Anlehnung geblieben ist?*
  Wenn nicht, warum nicht?
- ❑ *versammelnde Lektionen so zu reiten, dass dabei der natürliche Gang, der Takt, die Anlehnung und der Fleiß erhalten blieben?*
  Wenn nicht, warum nicht?
- ❑ *dass mein Pferd mit Kopf und Hals meiner nachgebenden Hand folgte, ohne dabei Takt und Tempo zu verlieren, oder versuchte, sich ruckweise bzw. durch plötzliches Langmachen vom Zügel zu befreien?*
  Wenn nicht, warum nicht?

Ich wünsche dir, dass du früher oder später alle Fragen mit „ja" beantworten kannst. Dann kann ich dir Turniererfolge mit einem zufriedenen Pferd garantieren.

Und mir wünsche ich, dass du dieses Buch all deinen Reiterkollegen weiterempfiehlst. Damit ich meine nächsten Reitstunden bezahlen kann.

* Denk dabei an die kleinen Ziele: Je nach Ausbildungsstand deines Pferdes zwar nicht unbedingt alle und alle auf einmal, aber auf jeden Fall in dieser Reihenfolge.

16 Das Leid der Geprüften

Ist er nicht seit jeher faszinierend, der Beruf des Reitlehrers? Diesen Beruf hätte ich wohl auch gerne ergriffen, wäre da nicht schon der Wunsch aus frühester Jugend gewesen, unter die Flieger zu gehen. Und da mir seinerzeit die Bundeswehr ohnehin nicht erspart geblieben wäre, meldete ich mich freiwillig zur Luftwaffe, wurde tatsächlich zunächst angenommen, um dann aber nach ein paar Dienstjahren „medically grounded" zu werden. An Reitsport war während dieser Zeit natürlich nicht zu denken. Erst als ich nach meinem Ausflug ins Militärische beruflich in der Düsseldorfer Werbeszene landete, hatte ich plötzlich und unerwartet wieder Zeit für meine Passion. Natürlich zunächst ausschließlich vor oder nach dem Job. Eben wie Tausende von Amateuren auch.

Etwa zeitgleich mit Erscheinen der ersten Auflage von DENK-SPORT REITEN fand ich mich mit einem Mal als Seiteneinsteiger doch noch in den Stiefeln des Reitlehrers. Das Buch sowie vier Pferde, die mir ein befreundeter Tierarzt zur Betreuung anvertraute, ermutigten mich zum Ausstieg aus der Werbung und zum Einstieg in ein ziemliches Abenteuer. Dieser untypische Zugang zur berufsmäßigen Pferdewelt erscheint mir im Nachhinein beinahe als Glücksfall. Denn in den vielen Jahren als Amateur hatte ich schon reichlich Gelegenheit, hinter die Kulissen eines Berufs zu schauen, der „Pferdewirtschaftsmeister mit Schwerpunkt Reiten" heißt.

Und um die beruflichen Gegebenheiten dieser „richtigen" Reitlehrer, der FN-geprüften, soll es hier gehen. Und unter denen wieder vorrangig um jene, die täglich von morgens bis abends (Turnierwochenende inkl.) ihren Lebensunterhalt auf eigene Rechnung mit der Ausbildung von Pferden und Reitern verdienen.

Von dieser Spezies habe ich in meinem Reiterleben einiges gelernt. Nicht zuletzt, sie in zwei Kategorien einzuordnen: Die eine, die dank Können und Charakter wirkliche Bewunderung verdient. Und die andere, die bei der Beurteilung derselben Eigenschaften weniger gut weg kommt.

Lass uns kurz gemeinsam einen Blick auf diesen allseits bewunderten Sportlehrerberuf werfen: Üblicherweise ist für ihn das Folgende Alltag (nicht selten auch sonntags): Nehmen wir an, ihm sind sechs Pferde zur Ausbildung anvertraut. Ihm persönlich, wohlgemerkt, nicht etwa einem Bereiter-Azubi oder irgendwelchen talentierten Jugendlichen, die auf seiner Anlage unter seiner Anleitung reiten. Jedes Pferd ist, abhängig von Talent und Ausbildungsstand, mit unterschiedlichem Aufwand zu arbeiten. Nehmen wir einfach einen Mittelwert und behaupten, dass der Berufsreiter bei effizienter Arbeitsweise jeden Tag wenigstens sechs Stunden im Sattel zubringen muss. Bei hartnäckigen Korrekturfällen auch mal ein Stündchen mehr. Für diesen Arbeitsaufwand kassiert er, je nach seinem Marktwert, insgesamt monatlich zwischen zwei- und viertausend Euro, abzüglich von Kosten und Steuern. Das ist auf breiter Ebene die Schallgrenze dessen, was er von der überwiegenden Zahl der Pferdebesitzer(innen) außer der Stallpension kriegen kann. Dramatisch mehr erzielen nur wenige. Vom üppig honorierten Startrainer-Status und millionenschweren Pferdedeals ins Ausland ist das Gros der Berufsreiter weit entfernt. Will ein Profi nun sein Einkommen entscheidend verbessern, muss er entweder auf noch mehr Pferden sitzen und/oder mehr Unterrichtsstunden in der Bahn absolvieren. Ich kenne jedoch keinen Menschen, der bei verantwortungsbewusster, gründlicher Reitweise Tag für Tag sein Berufsleben lang den „Knochenjob" von sieben bis acht Pferden plus Bahnunterricht durchhält. Und sei er noch so routiniert und durchtrainiert. Was also werden sie unter diesen Umständen wohl tun?

Schauen wir zunächst auf die, die sich die zeit- und arbeitsintensive Ausbildung nach klassischen Grundsätzen zur Maxime ihres Berufslebens gemacht haben; ich nenne sie mal die „Puristen*": Sie nehmen ihre Verpflichtung und ihr tägliches Pensum sehr genau. Und rechtfertigen damit voll das in sie gesetzte Vertrauen. Sie arbeiten mit ihren vier- und zweibeinigen Schülern sorgfältig nach klassischen Grundsätzen. Allerdings: Die Medaillen, die die von ihnen ausgebildeten Pferde auf Kreis- oder Landesebene erringen, zeigen zwei stark unterschiedliche Seiten: Die Berufsethiker kommen zwar mit den ihnen überlassenen Pferden auf der Ausbildungsskala weiter, nicht aber automatisch auch mit ihrem Einkommen. Anders gesagt, ihr wirtschaftlicher Erfolg bleibt hinter dem fachlichen zurück. Diese Erkenntnis bringt früher oder später auch den wesensfestesten Berufsreiter ins Grübeln. Wird er dann wanken, oder wird er seinem

** Purismus bezeichnet eine Geisteshaltung, die nach Reinheit geistiger Schöpfung strebt und versucht, sie von „fremden Zutaten" zu befreien.*

persönlichen Konzept treu bleiben? Es ist der alte Widerstreit von Kunst und Kommerz.

Andere Kollegen zeigen sich entschiedener. Jene nämlich, die ohne zu zögern Jobs annehmen, die mit nur einem Hintern nicht wirklich zu bewältigen sind. Um finanziell über die Runden und zügig von einem Pferd aufs nächste zu kommen, sehen sie sich praktisch gezwungen, bei ihrer täglichen Arbeit „fünfe gerade" sein zu lassen. Bei Pferden geringer Eignung geschieht das zumeist ohne schlaflose Nächte, weil da großer Arbeitsaufwand vermutlich ohnehin nicht unbedingt auch zu großem Erfolg führt. Doch auch die hochveranlagten Hoffnungsträger laufen Gefahr, ins ökonomische Mahlwerk zu geraten: Immer dann, wenn sie aus Zeitnot nicht in völliger Losgelassenheit und in ehrlicher zumutbarer Versammlung durch-, sondern nur „angearbeitet" werden. So möchte ich eine Reitweise bezeichnen, bei der Pferde höchstens mit warm gerittener, aber nie mit wirklich gelöster Muskulatur und in falscher Aufrichtung in Lektionen geritten werden – ohne positiven gymnastischen Effekt, wahrscheinlich aber zum Nachteil ihrer Sehnen, Bänder und Gelenke.

Vierbeinige Wettkämpfer werden mit dieser Schnellschulmethode nicht gerade-, sondern allenfalls ab- und leider nicht selten auch hingerichtet. Und weil derartige Systemzwänge im wahren Wortsinn auf dem Rücken der Pferde ausgetragen werden, hat das auf breitester Ebene die bekannten Folgen, die alle am Reitsport Beteiligten ohne Unterlass und mehr oder weniger öffentlich beklagen bzw. anprangern.

Wann immer ich gelegentlich als Trainer meine Reiter zu Turnieren begleite, kann ich mich des Eindrucks nicht erwehren, dass eine große Zahl durchaus talentierter Pferde ihre Dressurlektionen schief, undurchlässig, schwung- und ausdruckslos herunterspult. Und das erstaunlicherweise bis zur höchsten Prüfungsklasse. Sie gleichen damit Schülern, denen man Sprache ohne Grammatik eingetrichtert hat.

Springpferde haben weit weniger Möglichkeiten, zu blenden. Ihre Ausbildungsmängel treten im Parcours nicht nur offensichtlicher zutage, sondern werden auch von Seiten der Richter nachhaltiger quittiert, in dem man sie bei wiederholtem Verweigern kurzerhand von der Prüfung ausschließt.

Für beide Sparten, Springen wie Dressur, gilt: All die Pferde, die sich irgendwann den Anforderungen aufgrund oberflächlicher Ausbildungsbedingungen nicht mehr gewachsen fühlen und dann ihre Mitmachbereitschaft aufkündigen, werden zu minderwertigen Verlierern degradiert.

Es scheint mir, als würde auf breiter Ebene einfach vergessen, dass die jeweiligen Aufgaben von der FN-Abteilung „Ausbildung" mit Absicht so gestaltet sind, dass sie Ausbildungsmängel, insbesondere in der Grundausbildung, zutage fördern. Gemessen an Pferden, die von Anfang an mit solide gerade richtender Arbeit und tragender Hinterhand gearbeitet wurden, rücken Turniererfolge für Pferde mit diesbezüglichen Schwächen um so weiter nach hinten, je höher die Prüfungsanforderungen steigen. Und wenn sich dann die Kritikpunkte in den Protokollbögen nach diversen erfolglosen Turnierstarts wiederholen, kann das zwischen Trainer und Kunden schon mal Fragen aufwerfen. Die werden vom Fachmann nicht selten mit fehlender Eignung des Pferdes oder mangelnder Reife des Reiters erklärt.

Mancher Pferdebesitzer würde, da er von seinem Pferd überzeugt ist, gerne das Gegenteil beweisen. Zeigt sich dann nach diversen Stall- und Trainerwechseln immer noch kein befriedigendes Ergebnis, ist für manch ehemals begeisterten Pferdenarr plötzlich Schluss mit Lustig.

Für beide Gruppen kommt jedoch vor dem Ende mit Schrecken zunächst der Schrecken ohne Ende. Und zwar deshalb: Ein passionierter Reiter wird sich erst dann an einen Profi wenden, wenn er mit seinem eigenen Ausbildungslatein am Ende ist. Wird sein Pferd mit Beritt und er mit Einzelstunden weiter gefördert, macht der vierbeinige Schüler womöglich schnellere Fortschritte als der zweibeinige. Zwar sollte der Amateur nach jedem Beritt deutlich die gekonnte Einwirkung des Ausbilders bei seinem Pferd spüren, zum Beispiel indem es besser sitzen lässt. Aber allein um den Gymnastizierungsgrad aufrecht zu erhalten und in erster Selbsthaltung an den Reiterhilfen zu stehen, müsste es der Lehrer für seinen Schüler zwei- bis dreimal in der Woche vor- bzw. nacharbeiten – und das kostet. Was einerseits dem Pferd zum Vorteil gereicht, bringt andererseits den Pferdebesitzer zwangsläufig in Abhängigkeit und eventuell in finanzielle Enge. Auf Dauer aber ist Abhängigkeit für die meisten Menschen ein Zustand, von dem sie sich möglichst schnell befreien wollen. Erst recht, wenn sie auch noch dafür bezahlen sollen.

Das bringt uns zum Seitenwechsel – und gleich wieder zum Thema „Abhängigkeit". Und zwar eine, von der sich die Menschen auf dieser Seite nie befreien können: Die Abhängigkeit des Berufsreiters von seiner zahlenden Klientel. Pferdebesitzer mögen durchaus keine schlechteren Pferdekenner sein als geprüfte Pferdewirtschaftsmeister. Doch das macht sie nicht automatisch auch zu besseren

Kennern der Ausbildungsmaterie. Die nächste Problematik führt zu einer ähnlichen Situation, wie ich sie in Kapitel 14 beschrieben habe: Die turnierbegeisterte Amazone verfehlt mit ihrem Pferd trotz ernsthaftester Bemühungen in L-Dressuren immer knapp eine Platzierung. Was für die passionierte Dame umso frustrierender ist, als sie ja von allen Seiten hört, dass ihr Pferd durchaus Qualität fürs große Viereck hätte. Mit dieser Pein im Herzen und den Protokollbögen in der Tasche, kommt sie zu der Überzeugung, dass ein Profi „ran muss". Sie bittet ihn, bei der Beseitigung der Mängel behilflich zu sein. Und, naja, wenn er nun schon mal dabei sei, könne er doch auch gleich mit ersten M-Lektionen beginnen. Dieses Förderungsprogramm würde sie sich durchaus ein halbes Jahr Beritt kosten lassen.

Der Profi rechnet, freut sich über den neuen Einstaller, einen neuen Einkommensschub und ein neues, talentiertes Pferd im Stall. Er setzt sich wenig später mit gespannter Erwartung drauf – und ist im gleichen Moment ernüchtert: Ein Pferd mehr, das den Anforderungen einer L-Prüfung ausbildungsmäßig nicht annähernd gerecht wird. Im Grunde handelt es sich um ein Korrekturpferd. M-Lektionen? Das Naheliegendste wäre jetzt, der Besitzerin eine wahrheitsgemäße, fachlich korrekte Diagnose abzuliefern. Eine solche Auskunft ist schon inhaltlich den wenigsten hilfesuchenden Reitern zu vermitteln. Einfach, weil sie den Zeitfaktor für einen soliden Dressuraufbau aufgrund fehlender Erfahrung nicht ermessen können. Darüber hinaus stellt sie das Gemüt so ziemlich jedes Kunden gleich doppelt auf die Probe: Zum einen: Hält das Bankkonto anderthalb Jahre Beritt aus? Zum anderen: Erträgt das Selbstwertgefühl des Reiters bzw. der Reiterin die im Prinzip notwendige Rückstufung auf Remonte- bzw. Grundausbildungsniveau?

Kein Reitlehrer kann von vornherein erkennen, wie viel Wahrheit sein neuer Kunde verträgt, deshalb hat er als Profi in dieser Situation nur zwei Perspektiven, will er den Berittjob nicht verlieren:

Variante 1

Er behält zunächst sein Wissen um die Prinzipien einer klassischen Reitpferdeausbildung für sich, nimmt's leicht und den Beritt an und beginnt nach bestem Wissen und Gewissen mit der Arbeit. Das heißt, er wählt den mühsamen, aber eben einzig wirklich erfolgversprechenden Weg zu Turniererfolgen: den, den die klassische Reitlehre mit der Ausbildungsskala vorgibt. Das angepeilte Ziel kann er natürlich nicht in nur sechs Monaten schaffen. Aber er kann hoffen, dass er seiner Kundin im Laufe der vor ihm liegenden Monate eine gewisse Nachdenklichkeit und ein paar erwartungsdämpfende Einsichten zum Thema „Ausbildungsqualität und -zeit" nahe bringen kann; das Pferd wäre es wert. Gelingt ihm das, ist er ein Glückspilz und wird das Pferd wahrscheinlich länger als zunächst besprochen im Beritt behalten. Kann die Kundin das Geld dafür nicht erübrigen, bleibt sie ihm möglicherweise wenigstens als zufriedene Einstallerin erhalten.

Variante 2

Obiger Profi glaubt nach einigen Jahren Berufserfahrung nicht mehr an die Tragfähigkeit ethischer Berufsgrundsätze und nimmt, da er ja nun mal von seinem Job leben muss, einfach mit, was er mitnehmen kann. Also auch diesen Ausbildungsfall. Natürlich mit der Zusicherung, sein Bestes zu tun. Doch arbeitet er das Pferd nicht unbedingt nach allen Regeln der Reitkunst, aber mit lobenden Äußerungen zum Pferd. Das Dilemma ist vorprogrammiert: Dieser Beritt bringt die Kundin zwar zunächst auf seine Seite, aber das Pferd nicht entscheidend weiter und nach Ablauf eines halben Jahres besseren Turnierergebnissen auch keinen Millimeter näher. In der Folge ist die Besitzerin gefrustet und der Profi ist sein Berittpferd los. Aber das hatte er von vornherein auch schon irgendwie einkalkuliert. Nur deshalb das Pferd bzw. das Berittgeld gar nicht erst annehmen?!

Und nun frage ich dich, wie du reagieren würdest, wenn du unter gleichen Umständen vom Fachmann deines Vertrauens statt einer opportunen eine ehrliche Antwort bekämst.*

* *Und: Falls du dann seine Dienste nicht in Anspruch nehmen würdest, welche Lösung fändest du, wenn du aus eigener Kraft dein Pferd nicht dahin bekämst, wohin du es gerne hättest?*

Ein weiteres Problem im Leben eines Berufsreiters zeigt sich auch gerne im Fall der Ausbildung von talentierten Sport- bzw. Championatspferden, deren Besitzer keine eigenen reiterlichen Ambitionen haben. Sondern nur das erklärte und selbstverständlich legitime Ziel, ihren teuren Kracher möglichst noch teurer zu vermarkten. Auch hier zwei völlig entgegengesetzte Interessen: Ein gewissenhafter Ausbilder, der einen Ruf aufzubauen bzw. zu verlieren hat, möchte sich aus Gründen einer soliden Arbeit und auch aus Gründen eines längerfristig gesicherten Beritts so gründlich wie möglich mit dem Pferd befassen. Den Eigentümer des Pferdes interessieren solche Motive unter Umständen nur bedingt. Zwar ist auch ihm am Erfolg seines Pferdes gelegen, aber noch mehr am schnellen „Return on Investment". Und weil sich das mit dem Faktor „Zeit" reibt, gerät der Bereiter auch hier in die Zange. Nimmt er sich die Zeit, die das Pferd braucht, ist er es wahrscheinlich vor der (Erfolgs)Zeit los, weil's dem Besitzer nicht schnell genug geht, sprich: weil er ständig die Investitionskosten im Hinterkopf hat. Handelt es sich um ein überdurchschnittlich talentiertes Pferd, mit dem der Ausbilder in kürzester Zeit zu Erfolgen kommt, ist er's auch womöglich in kürzester Zeit wieder los, weil es mit guten Platzierungen im Scheckheft sehr schnell einen neuen Besitzer findet. Und ob der es ihm dann zur weiteren Förderung in seinem Stall belässt, ist fraglich.

Wer wollte dem Profi nun verübeln, dass er von vornherein emotionslos jedes Verkaufspferd ebenfalls ausschließlich mit dem Gedanken an schnellen Profit in Arbeit nimmt? Und in Zeiten, in denen sich Erfolge auch in jedem anderen Wirtschaftszweig kurzfristig einzustellen haben, ist auch in der gewerbsmäßigen Reiterei der Spatz in der Hand besser als die Taube auf dem Dach.

Insgesamt betrachtet gehört Reitsport zu den Sportarten, die zu nachdenklichem und einsichtigem Verhalten zwingen. Verweigert man sich dem, wird man auf Dauer in seinem Hobby weder erfolgreich noch glücklich.

Theoretisch ist das für alle Beteiligten ein alter Hut. Umso unbegreiflicher, dass ausgerechnet die Ausbildungshilfen, die die sicherste Erfolgsgarantie für die Pferde bieten, nämlich „Zeit und Geduld“, zugleich die am spärlichsten angewandten sind. Stattdessen erweckt der reiterliche Alltag den Eindruck, als zahle sich sorgfältige Ausbildung nicht aus. Kein Wunder, wenn ehemalige Idealisten in kurzer Zeit zu Realisten mutieren und immer weniger klassische Puristen durch die Ställe traben. Das wirklich ernüchternde Faktum dabei ist, dass „das Leid der Geprüften“ in letzter Konsequenz das Leid zahlreicher reit- und pferdesportbegeisterter Amateure ist.

Übrigens, solltest du mich fragen wollen: Ich stehe entschieden auf der Seite der „Puristen“.

Gelassenheit – davon profitieren Mensch und Pferd!

Pferdehalter, Züchter, Reiter und Fahrer können mit weniger Aufwand mehr Freude und Erfolg mit ihren Pferden erreichen. Der Schlüssel ist mehr Gelassenheit im Umgang und der Ausbildung der Pferde.

Basis der Gelassenheit
Anhand der Entwicklungsgeschichte der Pferde wird anschaulich erklärt, warum Pferde so sind, wie sie sind. Vor allem erfährt der Leser, was Pferde brauchen, um gesund, gelassen und erfolgreich bis ins hohe Alter zu sein.

Gelassenheitspartner Mensch
Nur wer selbst gelassen ist, kann seine Pferde zur Gelassenheit erziehen. Der Autor gibt interessante und leicht umsetzbare Tipps für Pferdehalter und Ausbilder.

Der Weg zur Gelassenheit
Die Grundlagenerziehung der Pferde wird in leichten Lernschritten erklärt. Körperarbeit, Bodenschule und spezielle Übungen zur Gelassenheitsprüfung werden ebenso angeboten, wie hilfreiche Lösungen für gestresste Sportpferde.

Dieses Buch von Georg W. Fink schließt eine wichtige Informationslücke zum Thema Gelassenheit. Pferdebesitzer, Reiter, Fahrer und Ausbilder profitieren von den vielen praxisnahen Informationen.

1. Auflage 2007
168 Seiten, zahlreiche Fotos und Zeichnungen
Format 190 x 250 mm, gb.

ISBN: 978-3-88542-432-1

Besser Sitzen – Besser Reiten

Susanne von Dietzes Buch „Balance in der Bewegung“ ist seit dem Ersterscheinen längst zum Klassiker in der Reitsportliteratur geworden.

Reiten ist die Kunst, die Bewegung von Pferd und Mensch optimal aufeinander abzustimmen. Beide, Pferd und Reiter, müssen im Vorwärts ihr gemeinsames Gleichgewicht finden. Der dafür geforderte Sitz des Reiters kann keine statische Position sein, sondern muss als fein abgestimmte Bewegung begriffen werden.

Die Autorin geht von den anatomischen Voraussetzungen aus, die für den Sitz des Reiters entscheidend sind und beschreibt anschaulich, wie ein Reiter seine eigenen individuellen Voraussetzungen besser fühlen, erkennen und kontrollieren kann.

224 Seiten mit über 200 farbigen Fotos und 100 Zeichnungen
Format 190 x 250 mm, gb.
ISBN: 978-3-88542-387-4

Der Klassiker der Reitsportliteratur

Wenn es ein Buch gibt, das keine Frage rund um die dressurmäßige Ausbildung vom Anreiten bis zur hohen Schule unbeantwortet lässt, dann ist es das Gymnasium des Pferdes von Gustav Steinbrecht. „Die Strahlungskraft seines Geistes erneuert sich im Wandel der Zeiten. Keine Irrlehre, auch nicht die so genannte Schnellausbildung hat Bestand vor den Steinbrecht'schen Grundsätzen“ (H.H. Brinkmann, Warendorf, im Vorwort), zu denen auch der bekannte Satz „Reite dein Pferd vorwärts und richte es gerade“ gehört.

304 Seiten
Format 155 x 235 mm, gb.
ISBN 978-4-88542-501-4

Zu beziehen über den Buch- und Reitsportfachhandel oder direkt beim **FN*verlag* der Deutschen Reiterlichen Vereinigung, Freiherr-von-Langen-Str. 13, 48231 Warendorf, Tel. 02581 6362-154/-254, Fax 02581 6362-212, E-Mail: vertrieb-fnverlag @fn-dokr.de, Online-Shop: www.fnverlag.de**

Bitte fordern Sie unseren kostenlosen Gesamtkatalog an!